秦淮八艳之

马湘兰传

马湘兰传

典藏精品　　芴香初◎著

广东旅游出版社
GUANGDONG TRAVEL & TOURISM PRESS
悦读书·悦旅行·悦享人生

图书在版编目（CIP）数据

秦淮八艳之马湘兰传 / 芴香初著 .—广州：广东旅游出版社，2014.1

ISBN 978-7-80766-770-4

Ⅰ . ①秦… Ⅱ . ①芴… Ⅲ . ①马湘兰（1548～1604）—传记
Ⅳ . ① K828.5

中国版本图书馆 CIP 数据核字 (2013) 第 299945 号

责任编辑：雷　腾
封面设计：金　刚
责任技编：刘振华

广东旅游出版社出版发行
（广州市越秀区先烈中路 76 号中侨大厦 22 楼 D、E 单元　　邮编：510075）
邮购电话：020-87348243
广东旅游出版社图书网
www.tourpress.cn
北京毅峰迅捷印刷有限公司
（通州区潞城镇南刘各庄村村委会南 800 米）
710 毫米 ×1000 毫米　16 开　14 印张　194 千字
2014 年 1 月第 1 版第 1 次印刷
定价：29.80 元

目录
CONTENTS

第一章

金陵毓兰，遗落尘间，玉池涛照影骈媚

深院飘梧，高楼挂夕，漫道双星践约，人间离合意难酬。空对景，静卧灵鹊，还想停梭，此时相晤，可把别想诉却，瑶阶独立目微吟，晴瘦影凉风唤着。

第一节　伊始

我的故事，要从出生那年开始说起。

我出生于明嘉靖二十七年。那一日，大雪纷飞，湘地是很少下那么大的雪的。瑞雪吉祥，都说这是一个极好的兆头。

我的父亲是个不大不小的官，我的娘亲是一个美艳不可芳物的女子，在母亲痛彻心扉的呼喊中，我降生了。

记忆中我很少看到父亲笑，他总是双眉紧蹙，很少抱我也很少跟我说话，我的降生并未给他带来多少欢娱，反而给了他更加沉重的压力。母亲生下我两年后，我父亲的第四位夫人苏姨娘便进门了。

印象中的母亲，是个极美的女子。她总是穿着簇新的衣服，脸上略施粉黛，素雅的一身裙装，合着规矩裁制，不出挑也不小气，额头上贴着些镶金的花钿，耳朵上常常戴着一双青花瓷的耳坠，摇曳生光，气度雍容华贵。而苏姨娘则不同，她总是喜欢着艳丽的牡丹红色长袍，乌黑的头发梳成一个反缩髻。每次不用抬头我便知道，苏姨娘来了，因为她的身上总是带着一种令人窒息的香气，还有她那尖利的笑声，在我的耳中是那样恐怖。

从苏姨娘进门后，父亲很少在母亲的房间里留宿。母亲常常抱着我流泪。二姨娘总是笑话母亲出生青楼，对母亲颐指气使，我虽然从小不知道青楼是什么意思，但我知道那是一个不好的地方，每逢说到这个，母亲总是暗自垂泪，我坐在母亲的怀里，轻拍她的肩膀，那个时候的我也不过四五岁，我总是试图用我的手擦干母亲眼角的泪水，因为哭泣的母亲不美，那个时候的我还不知道，因我是个女子而不是儿子让母亲受了多大的委屈，从我出生前到出生后，母亲仿佛从天堂跌入地狱。

後院有个叫苍惠院的地方，那是祖母居住的地方，每月的月初我都会和姐姐们由姨娘和母亲领着去给祖母下跪请安。祖母老态龙钟，满脸的皱纹，她常常连看都不看我们一眼，自顾自地捻着手里的佛珠，待我们都磕完头后，她便用极其苍老的声音说一句"下去吧，"我对她是极其恐惧的，她从来不笑，从来没有摸过我和姐姐们的手，甚至从来未曾正视过我们。

苍惠院相当的僻静，我和姐姐们趁着母亲不注意，偷偷地在苍惠院里玩起来，姐姐们说把自己藏起来，让我找她们，我便信步寻找起来。

苍惠院东西两边是两个厢房，中间有一个曲折的回廊相连，这样就形成了一个方形的四合院。我穿过一扇扇漆红的朱门，向院子的中心走去，堂房的外面有两株巨大的海棠树，馥郁芬芳，同样是香气，却比苏姨娘身上的香气好闻了一百倍。

我站在那扇巨大的房门前，用手一推，伴随着"吱呀"的一声，门缓缓地打开，映入眼帘的是一个巨大的金色菩萨像，我第一次看到这金身的菩萨，瞬间被惊呆了。似乎有什么在指引，我的前脚刚要迈进去，忽然被一双有力的大手一下子抱起来，双脚悬空起来，门"吱呀"一声就被关上了。

我不停地挣扎，双手用力地晃动，刚要哭喊嘴巴便被一双大手堵上，一直到了苍惠院外面的抱水轩，我才被放下来。

"哇"的一声，一口气上来，我大哭起来。

"哎呀，我的小祖宗，谁让你去那个地方的，那可是祭祖的地方，要是被你父亲和祖母知道了，你这小命难保，快别哭了……"我抬起头来，才看到是一脸焦虑的马婆婆，"好了，别哭了，这件事情是我们俩人之间的秘密，不许告诉别人好不好。"马婆婆是祖母的陪嫁婢女，如今已是满头的白发，脸上皱纹横生，可是她会笑着抱我，会给我好吃的，还会给我和姐姐们讲故事。在这个家里，除了母亲，我最熟悉的人便是马婆婆。

年幼的我不知道自己犯了什么错误，我也不知道自己闯入了一个什么地方，我甚至不知道这样做的后果是什么。但是我知道了，有些地方我是不能随意进入的，尤其因为我是女孩子。

当我还在想姐姐们会不会藏在佛像后面时，我便一下子被马婆婆抱回了新月堂。新月堂是我和母亲居住的地方，母亲素爱花，新月堂外面种满了各式各样的花朵，发出阵阵沁香，院中一片寂静。

母亲看我回来，一把抱住我："月娇，你去哪里了？娘亲找了你半天。"

"三太太，你最好看好四小姐，要是去了什么不该去的地方，冲撞了不该冲撞的地方，到时候老爷怪罪下来，我们都不好说什么，三太太极其聪明，定然知道我的意思。"马婆婆一脸严肃。

"劳烦马婆婆了，月娇，快跟马婆婆说谢谢。"母亲似乎是明白了什么，立马拉我去给马婆婆磕头。

"那老奴先告退了。"

马婆婆走后，母亲立刻蹲下来抱住我："娇儿，听我跟你说，以后再也不要去那个地方了，好不好？"

"嗯，好。"我懵懂地点了点头，虽然我还不知道我究竟做错了什么，但是我知道我不能做让母亲不开心的事情。

这个时候，门环响起来，外面传来小厮的声音："三夫人，老爷让你抱着小姐去紫霞堂。"

"好的，我知道了，你先退下吧。"母亲回了小厮一句，便把我抱在怀里，"月娇，刚才马婆婆带你回来这件事情不许告诉父亲，听见了没有？"

当母亲抱着我出现在紫霞堂的时候，我又看见了父亲那张冷漠的面孔，他和苏姨娘并肩坐在扶椅上，大娘和二姨娘分别坐在左右两侧，三个姐姐依次跪在地上哭泣。

"月娇，过去跪下！"父亲看母亲牵着我的手进来，立马大声呵斥道。

"老爷，娇儿……"

"你给我住嘴！过来跪下！"母亲似乎是想说什么，话还没说完，便被父亲呵斥住了。

我"哇"的一声大哭起来，小厮把我抱起来，放在堂中央，和姐姐们跪在一起。

"谁都不准哭！谁再哭我就把她丢出去！"我和姐姐们不敢再哭泣，抽噎起来。

"快说！你们谁偷了苏姨娘的耳环？"父亲又是一声呵斥，我又被吓得抽泣起来。

"肯定是你们四个小崽子偷的！"苏姨娘用她那尖细的声音低声地附和着。

"四太太，话可不能这么说，我的三个女儿从小我就教育得很规矩，怎么会做这种偷鸡摸狗的事情？再说了，我纳兰玉音堂堂纳兰家的三小姐，会稀罕你苏姨娘的耳坠？说出去不会让人笑掉大牙？当然有些其他脏地方出来的我就不敢保证了。"说完，还故意看了母亲一眼。

一瞬间所有人的目光齐刷刷地聚集在她的身上，母亲被气得满脸通红，似乎是要争辩什么，最终什么都没有说出口。当父亲重重的巴掌打在我的脸庞上时，母亲拼死般地跑过来护着我，一时间我的哭喊声、父亲的怒骂声，还有母亲的哀求声混在一起，苏姨娘似乎也有些看得厌烦了，便起身说了一句"罢了"，便转身消失在布帘之后。

当所有人散去，只剩下母亲抱着大声哭泣的我。

第二节　突遇家变

这便是我的童年，在母亲的哭泣与姨娘们的恶毒语言中成长。

嘉靖三十四年，那一年我刚刚七岁。

母亲常常对我说，父亲是一个不会为官的人，他是一个县丞。他常常按自己的脾性来办事，为此也得罪了很多的势力，却还不以为然，母亲劝过他很多次，可是父亲就是那样一个固执的人。在母亲的担忧中，不幸的祸事终于降临。

嘉靖三十四年的夏天，天气格外的炎热，整整有三月未见过一滴的雨水，午后是难言的闷热，日头毒辣辣的，映在地上晃得人眼晕。母亲在新月堂种的花因为天气炎热都耷拉着脑袋，窗户外面白螺石的回廊，不出门便有一种炙烤感，本应是姹紫嫣红的时节，却没有丝毫生机。

几日来父亲满脸的忧伤，而我多年之后才能理解那份忧伤。

七岁的我还不知道家里发生了什么，母亲日夜垂泪，连终日斗志昂扬的苏姨娘眼睛也哭成了核桃般。我只是悄悄地躲在门房后面，看着父亲、母亲、姨娘们跪倒在一群穿着奇怪衣服的人面前。他们一离开，苏姨娘便哭得撕心裂肺，父亲一下子瘫坐在地上。这是我第一次看见我那强势的父亲是那样的悲伤，一向趾高气扬的苏姨娘是那样脆弱。

很多很多年以后，当我重新回忆起这宗灭门案时，我总是会瞬间泪珠涟涟，我那可怜的母亲，一个从来就不受宠的女子，也跟着遭遇了这样的变故。后来我才知道究竟是怎样一回事：由于长时间的干旱，人民生活贫苦，终于爆发了农民的暴乱，而作为县丞的父亲难辞其咎，被皇帝处死，我的母亲和姨娘们也都殉葬于那场灾难。

记忆中隐约还记得那些日子，府上的每个人都是一脸的焦虑与哀愁，母亲常常抱着我亲了又亲，好像一不小心我就会从她手中溜走一般。

那样的悲伤一直持续着，直到有一天，外面传来一声尖叫——"苏姨娘上吊了！苏姨娘上吊了！"母亲顾不上我立刻往苏姨娘的房间跑去。那个时候的我对死亡完全没有概念，我悄悄地尾随着，当我穿过层层朱门，一眼便透过人群的缝隙看到了高高挂在佛像前面的苏姨娘，她还是穿着艳丽的碧罗裙，头发绾得没有一丝的杂发，一条白绫生生地缠绕在她的脖子上，整个脸涨红，舌头露在外面，显得格外的阴森恐怖。当我与她睁圆的眼睛四目相对的时候，一阵恐惧感猛地向我袭来，我大哭一声，母亲听见我的哭声立马把我抱起来，用手掌蒙住我的双眼，带我逃离。

很多年后，我的梦中常常会出现那样一双怒目而睁的双眼，时而化作一个美丽的女子，时而又是那样的一双睁圆的怒目。这个梦魇一直纠缠着我，或许那是我童年中印象最深的一个画面了。

大概是知道自己大限将至，那几日的父亲格外的慈爱，甚至会主动来抱我，而我却有了从未有过的陌生感。那一日，紫霞堂上，我们四个姐妹依次跪在堂前，向父亲拜别，周围是姨娘和母亲的哭泣声。

"来，给老爷磕头。"大管家让我们四姐妹跪在地上，对于上次被污蔑偷窃的事情我还心有余悸，只是这次的父亲，眼睛里有了些许温柔。他坐在紫霞堂的正门处，阳光顺着缝隙照进来，我看到他的眼角边有些闪亮的泪滴。他缓缓地走向我们，依次扶我们起来，然后，怀抱一张开，我们四个被他紧紧地搂着，他整个伏在我们身上，发出阵阵的呜咽。

"我的孩儿们……"

这是我第一次感受到来自父亲的拥抱是那样的温暖，我用手抚摸着父亲老泪纵横的脸，似乎所有的隔阂都在那一瞬间消失了，只是这样的拥抱再也不会有了。当我回过头去看母亲的时候，她也是满眼的泪水，似乎又有些欣慰，那是一种很复杂的表情。那是我那个年纪所不能理解的，那是我第一次感受到父亲的爱也是最后一次。

新月堂内，母亲拉着我的手，旁边站着大管家马五。

"娇儿，给大管家跪下。"母亲声音低沉，却有着不容拒绝的坚定。

"是。"年幼的我已经习惯了听母亲的话。

"大管家，我的娇儿就拜托给你了。"母亲说着也跪下来，满眼的含着泪水。

"三太太，你这是做什么？老爷吩咐的事情，我自然要做到。"大管家一手捋着胡须，一手把母亲扶起来。

"这是我的一点心意，你拿去吧。"母亲顺手拿起早已准备好的一个檀木盒递给大管家。

"好说，好说……"马五的脸上顿时欣喜难耐，一打开便两眼放光，我轻轻一瞥，便看见了母亲常戴的那对翠玉镯子。

"求你一定要善待我的女儿。"母亲的眼角含着泪水。

"母亲，你是不要娇儿了吗？"我抬起头看着母亲，哭着问道。

"傻娇儿，你这么乖，娘亲怎么会不要你呢？只是……你先随马管家去淮阴的叔父家，待过些时日，娘亲便去接你好不好。"娘亲像平时一样，说话温柔，只是满眼都是悲伤。

"不要不要，我不要去叔父家，我要跟娘亲待在一起……"我大哭起来。

"听话，必须去！"这是我第一次看见母亲对我大声说话，我的哭声也戛然而止，只剩下抽泣声。

那一夜，母亲搂着我看了一夜，我在睡意朦胧中看见母亲把我所有的衣服都收拾出来，装进一个又一个包袱里。母亲的背影是那样的熟悉，只是那少许的冷静与从容是我很少见过的。看着看着，我便睡着了。梦中我梦见了父亲，他满脸的微笑，我一下子扑进父亲温暖的怀抱里，梦境中的我们笑得那么真实，我不再是那个遭人厌弃的四娘，而是父亲最爱的掌上明珠，我还在梦境中隐约看见了母亲，她依旧是那样的美，脸上略施粉黛，素雅的一身裙装，一切都像从未发生过一样。

第二日一早，当我醒来时，发现母亲早已经不见了。马婆婆为我梳妆，给我穿上粉嫩的裙装，那是母亲为我新裁定的衣裳。我四下寻找母亲，却丝毫没有发现一丝踪迹。

"马婆婆，我娘亲呢？"

"好孩子，她去了一个很遥远的地方。我们收拾下等下跟马管家一起去找你娘亲好不好？"她微微一笑，这让我觉得很安心。

"好，等下就可以见到母亲了。"我便不哭不闹。

那是我人生中第一次走出大院，当马车缓缓地驶过朱门的时候，我抬起头看见了无比晴好的天空，清澈如一汪碧水，天空是那样的高远，偶尔几只南归的大雁飞过天际，朱门旁是两只巨大的狮子，这是我第一次走出朱门，所有的一切都是那样的新鲜，让我恐惧的心稍稍地得到了些宽慰。

我卷起马车的珠帘，看见倚在红门边的马婆婆，我用力地挥挥手，她似乎更加苍老了，她望着马车远行的方向，依稀间还能听见些微微的哭泣声，我沉默着不再说话，只是觉得心里好像是缺了些什么，一种不安感再次向我袭来。

只是，我离那扇红门越来越远了，远到什么都看不见。

这便是我七岁前的所有记忆。

第三节　弱兰一株无根生

嘉靖三十五年，南京。

这一年的春天来得格外早，眼前绿意萌生，春日早晨的空气是极其清新的，带着些浩水烟波的湿润，秋千绳索上方几支开得正艳的紫藤，顺着绳索爬上了房顶，房屋前的杜若花上有些晶晶的露水，折射着微微的阳光。两岸依依的杨柳带着些清新，黄莺在树上低吟婉转，所有的一切都是很欢快的样子。

这里是惠兰居，一个让男人们趋之若鹜的地方。这一年，我刚刚八岁，那辆飞驰而过的马车没有把我带到淮阴的叔父家，而是把我带到了这里。

马管家告诉我，母亲在这里。

从湖南一路走到南京，那一天下起了鹅毛般的大雪，我们的马车停在了惠兰居的大门前，门口有两个石狮子，上面系着大红色的彩绸，两个高高的灯笼上赫然写着两个大字"兰"，这两个字我是认识的，家里的师傅曾经教我念过。

所有的一切都是新奇的，里面有很多明艳的女子，她们穿得比二姨娘还要艳丽，那胭脂水粉的浓香让我想起了苏姨娘。

在曲折的珠帘后面，我见到了一个美丽得不可芳物的女子，她一身玫瑰紫蝉的上衣，下着月白色的如意裙，高高挽起的发髻上插着一支珠玉的簪子，姿态高傲而气度雍容。

"你叫什么名字？抬起头来我看看。"她的声音也是极其温柔的，让我想起了娘亲。

"月娇，马月娇。"我抬起头与她的眼光接触在一起。

"嗯，好，不错。"

我不知道她在说什么不错，我看了看身边的马五，嘴角间有些微微的笑意。

"出个价钱吧。"女子看着马五。

"四十两。"马五露出狡黠地一笑，"我家小姐从小技艺超群，诗词歌赋样样精通，况且跟您也是本家，都姓马，四十两不贵吧？"

"既然来了我这惠兰居，还什么小姐不小姐的，我看着孩子还可以，三十两，不行你就带走吧。"我瞬间明白了，马管家是把我卖到这里来了，我幼小的心里一股仇恨的火苗燃烧起来，狠狠怒视了他一眼。

"哎呦，小祖宗，还看什么看，这几个月我把你从湖南带到南京来，你一路上吃喝不花钱啊？如今，也算给你找了一个好归宿了。"马五见我瞪着他，又像是在自顾自地算账，又像是在跟我说些什么。

"我要找娘亲……"我喊了一声。

"你找什么娘亲啊，你娘早就死了，你爹也死了，你娘也是青楼出来的，你也算找回了家，以后这里就是你的家！好，薇姐，三十两成交。"当他拿着女人递给他的银两时，我看着他嘴角边的笑意，竟然没有哭泣，只是恶狠狠地看着他一步步离我远去，最终消失在惠兰居回廊的拐角处。

"好了，丫头，既然来了我这惠兰居，你又是湖南来的，以后就叫马湘兰吧。从今往后这里便是你的家了，你叫我慕薇姐就好了。"

这个女人叫马慕薇，曾经红遍江南的江南名妓，如今与我却结下了不解之缘，我们以后的人生便紧紧地系在了一起，一入红尘坎坷多。

来到惠兰居后，八岁的我出奇地听话，常常一个人坐在窗户边上看着秦淮河的繁华景象，思念着母亲，想起马五那双狡黠的小眼睛，我便知道自己已被卖到了这里，我不再是马家的四小姐，从此我便是秦淮河畔的马湘兰。

我拿起手边的毛笔，轻轻地在纸上写下："空谷幽兰独自香，任凭蝶妒与蜂狂。兰心似水全无俗，信是人间第一芳。"刚放下毛笔，慕薇姐便进来了。

她走到我的画前，看了半晌，忽然眼睛发出奇异的光芒，"湘兰，这是你写的？"语气里充满了惊喜，好像捡到了一个宝贝一般。

"嗯……"我喏喏地点头。

"好一句'信是人间第一芳'，从明日起，我便让师傅们教你才艺，我相信以你的聪慧和天赋，用不了几年便会真的成为'人间第一芳的'"，她轻拍我的头，面带着微笑，是那样的明艳动人，只是我还不能完全读懂。

果真，第二日，便来了师傅，教我唱曲画画。

"然间人似缱，在梅村边。似这等花花草草由人恋，生生死死随人愿，便酸酸楚楚无人怨。待打并香魂一片，阴雨梅天，守的个梅根相见。"《牡丹亭》里优美的唱词，让我如痴如醉，常常是师傅教一遍，我自己就能唱得有模有样，慕薇姐自然是对我也越来越好，常常亲自教我唱曲。

"慕薇姐，什么叫'花花草草由人恋，生生死死随人愿'呢？"

"这是在讲一个生可以死、死可以生的故事，你还太小了，若有朝一日你长大了，真的爱上一个人，你便自然明白了这句话的道理。"慕薇姐看着远方，似乎是想起了什么。我似懂非懂地点了点头，只是练习得更加卖力了，慕薇姐说得没错，女孩子出来谋生，本来就够辛苦了，不练就些本领怎么行？

随着年龄的增长，我越来越喜欢兰花。我一直认为这是母亲的缘故，我常常怀念新月堂前母亲植的那些花草，清洌的芬芳。兰花叶丽含正气，花妍不浮华，生长在幽谷不以无人而不芳，我在房间里植满了兰花，每次看到它们，我都会想起母亲穿着素净裙装略施粉黛的样子，那样的清淡而高洁，我总是想象着有朝一日能成为母亲那样的女子。

幽兰花，在空山，美人爱之不可见，裂素写之明窗间。

幽兰花，何菲菲，世方被佩资簏施，我欲纫之充佩韦，袅袅独立众所非。

幽兰花，为谁好，露冷风清香自老。

嘉靖三十七年，我刚刚满十岁，十岁的我已经开始习惯惠兰居的生活。

那一天，惠兰居来了一个女孩子，年纪跟我相仿的样子，眼睛红红的，像是刚刚哭过的样子。她站在走廊的尽头，是那样的无助。

第一章 金陵毓兰，遗蓉尘间，玉池涛照影骈娟我迈着轻盈的步子朝她走过去。我忽然想起了两年前的那个大雪天，自己刚入惠兰居的模样。她梳着两个小辫子，耳朵上戴着一个翡翠的耳坠，眼睛里全是绝望与无助，看我走向她，她瞪着大眼睛看着我。

"你叫什么名字？"我扶着她的肩膀，问她。

"顾雪娇。"她一点都不认生，或许是年纪相仿的缘故，没有多久我们便熟悉起来，这便是我这一生中最知己的女子，顾雪娇。

我们十岁相识于惠兰居，我们有着相似的遭遇。她的母亲去世后，父亲娶了新夫人，新夫人不喜欢她，便把她卖到惠兰居来。很多年之后，我们常常回忆起我们相识的那个午后，阳光透过斑驳的树叶照射在地上，形成斑斑点点的小孔，她说当我缓缓地走向她的时候，她就认定了我这个姐姐。她告诉我，从她母亲去世后，已经有很多年没有人像我一样关心她了。原来，有时候感动只是一瞬间的事情。

自此之后，我们便成了姐妹，我们一起学画一起下棋，一起在咿咿呀呀的唱词中慢慢地成长，时间像一把雕刻刀，把我们雕琢得愈发精致了。

嘉靖四十二年，十五岁的我们已经长成了亭亭玉立的大姑娘，眸含春水，清波流盼，头上倭堕髻斜插碧玉龙凤钗。香娇玉嫩秀靥艳比花娇，指如削葱根口如含朱丹，一颦一笑间足以摄人心魂。而我在绘画上的造诣也渐渐地显现出来，我喜欢兰花，懂兰花，擅画兰花，她们都说我画的兰花带着些灵动气息，常常会有贵公子花大价钱来购买。每每这时候，慕薇姐总是笑得合不拢嘴。

随着年纪的增长，我和雪娇越发的秀美。我在台上唱词的时候，常常看见台下那些男子的眼睛中全是贪婪和渴望，我不禁有些反胃。青楼中的女子又怎么能掌握自己的命运呢？或许是我太天真了。

当那个肥硕的男子用他的手抚摸我的时候，恐惧感和恶心感搅得我胃里翻滚。在尖锐的疼痛中，我长大了。

第四节　性情中人马湘兰

隆庆一年，十六岁的我用了八年的时间，终于稳坐了"人间第一芳"的宝座。

八年，早就不再是当初那个不谙世事的小女孩，如今的我，在众人中游刃有余，谈吐优雅自如，慕薇姐的功夫果然没有白费。

门前络绎不绝的车马，似乎是要把我的风头推得更紧。时值七月，天气有些蕴热，我在房间里面逗他们新送来的小鱼，两个大缸是青花瓷的，上面是特意为我打造的两个巨大的"兰"字，伸头往里看，便看见两个如手掌般大小的荷叶，着实可爱。荷叶下面有几条红色的小鱼，悠然自得地在水中游来游去。清波如碧，翡翠如盖，红鱼气定神闲的样子着实让人喜欢。看着它们欢游的样子，我不禁也被感染，信手喂起它们来。

忽然一声清脆的声响，在安静的房间里回响不绝。

我回过头去，看见丫鬟佩儿一脸的惊慌失措，因为紧张，额头上渗出串串汗珠，地上是知府大人昨日新送来的西域进贡的玉镯，只是现在已经碎成了三节。

须臾，她才反应过来，立刻跪在地上，不停地朝我磕头："小姐，对不起，对不起，我不是故意的……"

看着她紧张的样子，我不禁有些感慨，贫苦人家出来的孩子，总是会因为一些小事紧张得要命，联想到我之前的遭遇，瞬间有些同情起佩儿来。

佩儿是慕薇姐从乡下买来的一个小丫头，年纪也不过十三四岁的样子，一脸天真，小脸总是红扑扑的，笑的时候脸上有两个浅浅的酒窝，来惠兰居也不过才一个月左右的样子，做起事情来倒也麻利得很。

"好久没有听见这么美妙的声音，没想到这玉镯看着晶莹剔透，声音也是不同凡响。"说完我还故意微笑起来，想让佩儿不那么紧张。

"小姐，你在说什么？"她满脸疑惑，似乎不知道我在说什么，还沉浸在自己的悲伤里，"小姐，我……我慢慢攒银子，等我攒够了赔给你，一年不行两年，两年不行三年……"讲完这些，佩儿又开始抽噎起来。

"那要是还是还不完呢？"我故意逗她。

"愚公移山，子子孙孙无穷匮也，太行王屋二山都能搬走，我也一定可以的。"看着她泪水涟涟的样子，听着她的豪言壮语，我哑然失笑，只是没想到这个丫头还知道愚公移山的典故。

只见她匍匐在地上，大气不敢喘一下，脸色煞白，满屋子寂静。我默默地看着她不再吱声，隔壁房间里的炭火烧得吱吱作响，冒着丝丝地热气，下午的阳光透过窗子照在她的身上，看着她瘦弱的小模样，我不禁有些心疼起来。

"谁说要你子子孙孙来挖山还钱了？我喜欢这个碎镯的声音，余音绕梁三日不绝，快起来，傻丫头。"我赶紧把跪在地上的她搀扶起来。

"小姐，你真的不要我赔？"她还是一脸的茫然与不相信。

"嗯，傻丫头，你以后好生伺候我就是。"说完，我抬起手来从发髻上拿下一根青花玉簪插到佩儿的头上，"佩儿，你来伺候我也有一月了，这个玉簪就当是我送你的见面礼吧。"别说，真是人靠衣装，一个小小的玉簪一下子就让她整个人灵动起来。

"谢谢小姐，谢谢小姐，我打碎玉镯，你不但不生气还送我玉簪，小姐的恩德我没齿难忘，我这一辈子都好生伺候小姐。"她的声音因为激动而有些微微发颤，脸也涨得通红。

我满意地点了点头。

接下来的生活，依旧是在纸醉金迷中度过，"一入红尘深似海"果然说得没错，有时候我不得不面对灯红酒绿时的言不由衷和虚与委蛇。夜已深，像往常一样，惠兰居庭院的灯火熄了一半，我夜不能寐，梦境中总是噩梦连连，苏姨娘那睁圆的眼睛，我被惊醒，黑暗中的我像野兽一般时刻保持着警醒，在这个万籁俱寂的黑夜中，我似乎觉得自己长大了，更鼓声敲的邦邦响，一阵清新的兰花香飘来，我就忽然想起了母亲，她嘴角总是带着写温润的微笑，别人嘲笑母亲出身青楼，而她的女儿又再次重走了她的路，也许这一切的一切都是逃不脱的宿命吧。

不觉间，天已亮，佩儿为我梳洗更衣，又是新的一天。

"小姐，外面有个自称是'穆三郎'的剑客一大早就来拜见您，要见吗？"我看佩儿吞吞吐吐的样子，便知这个穆三郎定是一个极其不注重外表的人，不过我对着剑客的身份倒是格外的感兴趣。

"快请。"

不多时就见一个男子着宽大的罩衫，鬓角处已有些微微的斑白，背上斜背着一方宝剑，剑身已有些微微的发青，看来是有些年头了。他整个人看起来精气神十足，颇有些黄山豪客的气势。

"在下苏州王贞，素闻姑娘济世慷慨，为人高雅，今日我王贞路过秦淮河，特意来拜访姑娘，想一睹姑娘的芳容，今日一见姑娘，果然不同凡响。"说着便向我作揖。

"王大人过奖了。"王贞的大名我是听过的，他施粥救济穷人，建难民营的事情我早有耳闻，没想到今日他能来我惠兰居拜访我，我有点受宠若惊。

我素来崇尚侠义之士，更是能以他们结交为荣，不觉间我们就谈到了施粥救济穷人上。

"现在魏忠贤东厂当权，皇帝任用奸臣，大批大批的难民无处可去，着实让人心痛啊。"王贞大人说着便叹了口气。

我的思绪一下子又回到了七岁的那一年，百年不遇的干旱，从湖南一路到南京，我坐在马车上一路颠簸，常常会看到大旱下濒死的难民，他们衣衫褴褛，枯瘦如柴，脸色苍白，还有那些由于饥饿而死去的孩童，旁边是他们正在哀嚎的母亲……这些场景深刻地留在我的脑海中，那些无助甚至是无望的眼神，令人心疼。所以在那之后，我都会尽自己最大的能力去帮助他们。

跟王贞谈话是极有意思的，他的眉目间有些仆仆的风尘，偶尔在唇齿间还有一丝温墨，他款款地向我谈着这些年的见闻，还有他的故乡蜀中。他口中的蜀中有意思极了，他侃侃而谈着难于上青天的蜀道，石刻千佛岩的壮观、杜甫的浣花居所……所有的一切对我来说都是那样的新奇，那是我于书中神幻凝思的情节，他的诉述让我身临其境。

听得太入迷，以至于忘记了时间。

"我好像是讲得有点太乏味了，都这个时辰了。"他往窗外看了一眼，似乎意识到时间有点迟了。

"怎么会呢？王大人讲的这些，我觉得有意思极了，一点都不乏味。"

"我明日便要回蜀中了，今日能够与姑娘聊这么尽兴，我也算是了了一桩心事，就此拜别，他日有缘再见。"说着就要起身告辞。

"等下，王公子，"我起身走到内室，拿出一个小木盒子，"这些是我这些年积攒的一些银两，你拿去救济难民吧，我马湘兰交定你这个朋友了！"

"这……"或许他未曾想过我会有这样的举动，"好，我替蜀中的难民们谢谢你了，待他日难民村建成，你一定要去蜀中看看。"

"好，一言为定！"说完，王贞的身影便消失在曲折的回廊尽头。

我迷蒙间似乎闻到了一阵馥郁的奇香，如此清冽，大概是西厢房前的那株海棠花开了吧，只是隔着重重的帷幕，怎么如此清晰？想必是隔壁姑娘的焚香罢了。我循着香气走去，果然海棠已经开花了，那累累初绽的花朵微微透明，莹然生光，忽见那一刻，不禁生出些欣慰之感，总算不枉我日日悉心照料。

或许这是一个好兆头。

第五节　玩月桥的十五之夜

八月十五，中秋夜。

秦淮河畔张灯结彩，这一晚便是赏月之夜，娴静少女般的秦淮河一下子热闹起来。

惠兰居内慕薇姐忙着张罗贡品，供桌上摆着微微的斗香，月饼被摆成了塔状，熙熙攘攘的足足有十六层，供桌的两旁插着菊花和桂花，散发着淡淡的幽香，象征着富贵与财富。

贡品也是足足摆了一桌，供果大多体现了水乡特色，果子有鲜藕、柿子、石榴、佛手等，熟食包括菱角、糖芋头、酸梅等，慕薇姐忙前忙后，忙得不亦乐乎。

"遍青山啼红了杜鹃，那荼蘼外烟丝醉软，那牡丹虽好，他春归怎占的先？闲凝眄兀生生燕语明如剪，听呖呖莺声溜的圆……"我在一旁教姐妹们唱小调，女子出来讨生活本来就困难，若是再无些才艺，那要如何是好。

"胭脂，你这个手法不对不对，是这样……"我又重新示范起来，每次唱昆曲，我都沉浸在自己所描绘的故事里，感觉是如此真实，如同回到了杜丽娘的时代，沉浸在杜丽娘和刘梦梅的爱情中不能自拔。

"哎哟，兰姐姐，这八月十五的，你还练什么呀？玩月桥上为了一睹您风采的男子都快把桥给压塌了，你出去看看这赏月赋诗，笙箫弹唱的，还有那些花灯，比唱曲可有趣多了。"

我抬头一看，是雪娇妹妹，一袭紫衣临风而飘，一头长发倾泻而下，碧水寒潭之上，出尘如仙，傲世而立，只是五官还有些微微的孩子气。

"哈哈，雪娇妹妹今日这身装扮犹如仙子下凡，美不胜收啊。"我不禁夸赞起她来。

"姐姐又取笑我。"小丫头被我一说,脸颊有些微微的绯红,"姐姐,我们去看花灯吧。"

"嘘……"我示意雪娇小声点,指了指远处的慕薇姐。

"两个死丫头,哪儿都不许去。等下知县老爷还要你们陪着去赏花灯呢!"不远处的慕薇姐果然听见了雪娇的声音。

"妹妹们,今儿个不排了,去赏月赏花灯。"我转过身子去,跟姐妹们说。

"赏花灯去了……"众姐妹一阵欢呼,好久没有这么热闹的节日了,是该好好地庆祝下。

"慕薇姐,你就告诉知县老爷,说我和雪娇早就走了,等下玩月桥上与他汇合……"说着便拉着雪娇一下子就跑开了。

"哈哈哈……姐姐,这下大老爷肯定要在玩月桥上等你了。"走出去没多远,雪娇已经忍不住地哈哈大笑起来。

"还不是你这个鬼丫头的主意。"我和雪娇相视一笑。

放眼望去,整个秦淮河畔早已是人山人海,熙熙攘攘。花灯倒也算雅致,在夜幕的衬托下,"她"曼妙的身姿照耀着人们美妙的梦境。

我和雪娇沿着秦淮河向前,一路上花灯缤纷,我忽然忆起去年花灯节时的一株荷花灯,青里泛白的花苞,娇羞欲语,含苞欲放,犹如一位绰约的仙子,衣袂飘飘,有种"出淤泥而不染,濯青莲而不妖"的高洁情态。我寻摸着,今年怎么却不见了踪影?

身边的雪娇一脸兴奋的样子,指着一盏花灯,说:"姐姐,姐姐,快来看!看看这盏灯,真是惟妙惟肖!"

我顺着雪娇指的方向看去,看到一个龙形的花灯,一身金色的鳞片,栩栩如生,一张血盆大口,两个龙须翘得老高,睁着两只椭圆的眼睛,放射出两道亮光,片片金甲更加熠熠生辉,华丽倒是做到了,只是……

"不错倒是不错,只是少了些灵气劲儿。"我如是说。

"这样的花灯姐姐都没看上？这么多花灯到底哪个入了姐姐的法眼呢？"雪娇微微一笑，在花灯的映衬下更显得千娇百媚。

"你别说，我去年的时候，还真的见过一盏莲花灯，离诸染污、本体清净，其为质，则金玉不足喻其贵；其为性，则冰雪不足喻其洁；其为神，则星日不足喻其精；其为貌，则花月不足喻其色，活灵活现极具神韵。"

"有姐姐说的那么美丽吗？你这么一说，我倒是很想去看看那盏花灯了。"雪娇的眼睛里散发出些亮光。

"我也不知道今年有没有，只记得去年的时候在玩月桥的西南角，我们不妨去那个地方看看，说不定在哪儿呢。"我提议道。

"好啊，姐姐，我们去看看吧。"

或许是心里有了目标的缘故，我俩无心再赏身边的风景，脚步不免加快了些，穿过重重的人群，我和雪娇不一会儿便到了玩月桥的西南侧，相较于东侧的热闹，这边倒是安静了许多，几个卖糖人的小商贩，几盏简单的花灯。我和雪娇来到去年摆放莲花的位置，只是去年偌大的莲花换成了一个硕大的脸谱花灯，搭眼一看便知道这是京剧里面的旦角，只是习惯了唱昆曲的我，只是跟着师傅学了几出京剧，北方的豪爽终非我这样的女子唱得出的。

"咦，怎么不见姐姐说的大荷花灯呢？"雪娇在四下寻找着。

我一抬头，发现不远处有个年轻男子正在盯着我看，眼神间有些迷离，他穿了一件极其普通的青衫，上面还打了几个补丁，面目长得还算清秀，偏瘦的身材，高高的个子，棱角分明的脸庞，看着我打量起他来，表情微微有些不自然，下意识地低下头去，气氛瞬间有些尴尬。

"这位兄台，你可知去年今日时此地有一盏荷花灯，惟妙惟肖，极具灵动性，我和妹妹今年的找了好大一会儿，却不见了踪影，兄台可知？"

"姑娘说的可是'出水芙蓉灯'？"那男子也颇有兴趣的样子。

"正是，原来那盏花灯叫'出水芙蓉灯'啊，清水出芙蓉，天然去雕饰，那花灯是配得起这个名字，只是，今日怎不见了呢？"看他好像是知道的样子。

"不瞒姑娘说，那'出水芙蓉'正是在下扎的。"他的嘴角露出些微笑，带着些微微的得意。

"你扎起来的？"听他这么一说我倒来了兴致。

"难得小姐喜欢，今年还记得，在下欣喜万分。"他脸上的表情就足以说明一切了。

"只是，那盏花灯今年怎不见了踪影呢？"我打听起花灯的去向来。

"官府的沈老爷喜欢，便要了去，若姑娘喜欢，我再给姑娘扎个一样的便是。"

"还不知道这位公子贵姓呢，就让公子扎花灯。"我浅浅一笑。

"我叫秦灯儿，花灯的灯，"他好像是又想起什么来，又补上一句，"我从小就扎花灯"。

这一句话把我和雪娇给逗笑了，尤其是那认真的表情，让人有些忍俊不禁，他看我们笑他，也不好意思地笑起来。

"那就有劳公子了，三日后，你来惠兰居找我们吧。"

"还不知道姑娘的芳名呢。"

"小女子名叫马湘兰，这位是我的妹妹，雪娇。"雪娇朝他作了个揖，脸上露出些笑容。

"马湘兰？原来你是蕙兰居的湘兰小姐，在下早就听闻小姐的芳名了，没想到今日能在这秦淮河畔遇见姑娘，真是幸会幸会。"

"公子客气了，今日能见荷花的主人，我也是极开心的。"

"好了，你俩别再在这相互吹捧了，姐姐，我们也该回去了，回去太晚了慕薇姐要发脾气的。"

雪娇这么一说倒是提醒我了，我抬头看了看天空，一轮皓月当空，在深蓝色的夜幕下显得更加明媚动人，时候真不早了，是该回去了。

"那我们俩先告辞了，改日有劳公子。"

"姑娘客气了，慢走……"雪娇拉着我，走到拐角处的时候，我猛然一回头，发现他还在看着我们的背影，眼神里充满了真诚。

"姐姐这大名可真是无人不知无人不晓啊，连秦淮河畔一个小小的扎灯人都知道。"雪娇带着些调侃的语气，我的脸瞬间绯红，"湘兰姐姐，我觉得这个秦灯儿看你的眼神可真不一般呢。"

"看我不撕烂你的嘴，不许乱说……"我做了一个要抓她的动作。

一阵风吹来，风露清绵，放眼望去全是花花绿绿的花灯和熙熙攘攘的人群，英英簇簇，花色娇红绰约如处子，恍若天边的明霞，铺陈得如雪如雾，月光倾泻如水，淡如白霜，只存了些隐约迷蒙的轮廓。

第一章 金陵幽兰，遗蕊尘间，玉池涤照影骈娟

第二章

独秀于内，博古知今，纵落红尘有余馨

似花还似非花，也无人惜从教坠。抛家傍路，思量却是，天情有思。萦损柔肠，困酣娇眼，欲开还闭。梦随风万里，寻郎去处，又还被、[删除]莺呼起。

不恨此花飞尽，恨西园、落红难缀。晓来雨过，遗踪何在？一池萍碎。春色三分，二分尘土，一分流水。细看来、不是杨花点点，是离人泪。

第一节　风华绝代，独造幽兰馆

八月的天气热得我大汗淋漓，我躺在贵妃榻上扇着蒲扇，可汗水还是津津地往下淌，素来怕热的我，心情略微有些烦躁。我躺在贵妃椅上盘算着，自己多多少少也算有了些积蓄，不如建一所属于自己的别院，也算是了了我的一桩心事。

"这大热天的，姐姐一个人在想什么呢？"还未看见雪娇的身影，便听见她响亮的嗓门。

"小丫头，快来，这么热的天还乱跑。"雪娇跑过来，一下子坐在身边。

"姐姐，天气炎热，有没有什么招待我的呀。"雪娇眨眨眼睛。

"知道你喜欢喝冰水银耳，凉凉的，不错，我刚刚让佩儿煮了很多，准备等下给你送去呢。"

"就知道姐姐最疼我了。"她撒娇一笑，露出两颗小虎牙，佩儿的冰水银耳汤一端上来，雪娇就咕咚咕咚地喝起来。

"慢点慢点，又没有人跟你抢，何必要这样着急？"我笑着说道，"天气这样炎热，太贪凉小心生病。"

"没事，没事，姐姐，房间里这样闷热，不如去外面看看花草。"说着便要拉我起来，我略微收拾了一下，便被雪娇拉着手出去了。

外面果然比房间里的空气一套通透些，蕙兰居后面有一所小花园，叫静心苑，静心苑里一些古木藤萝，开的格外的枝繁叶茂，假山嶙峋，浓荫处翠华欲滴，一阵风吹来，浮躁的心顷刻间便沉静下来，果然是个好地方，比别处凉爽很多。这时节的静心苑翠色匝地，开得极为壮观，只是不远处有棵石榴树似乎有些盛极必衰的势头，艳如火炬的花心隐隐有了些浓黑颜色，像是被焚烧过一样。我和雪娇牵着手一同赏花，又逗了会鸟，不知不觉间就走出去一段距离来，脚微微有些酸涩。

忽见假山后面有一泓清泉，甘冽清透，如玉如碧，望之让人顿生凉意，我左右看了看，见四下无人，便玩心大起。我和雪娇相视一笑，随手便脱了足上的绣鞋，挽起裙角牵着手向清泉里走去，双脚刚接触到泉水，一阵清凉感便直穿心扉。

"好舒服……"几尾深红色的小鱼游曳过来，轻啄小腿，痒得我"噗"地笑出声来。

"姐姐还是小时候的脾性，一点都没变。"雪娇看着我说。

"对了，我正好有件事情跟你商量，这几年我多多少少也有了些积蓄，我想建一座别院，我已经想好名字了，你觉得怎样？"

"好啊，我一定天天去！不过这事情还是要跟慕薇姐商量一下，听听她的意见，知府沈大人要送别院给姐姐，姐姐不收，现在自己要建造一个，实在是个奇女子。"

我隐隐听出了雪娇的话中话，不去理会。

上月知府沈大人来惠兰居，要送我一套别院，被我婉拒，这件事情一直被雪娇反复说了好多次，我现在自己提出要建别院，她自然会觉得我有些傻。

想着想着，脚下没踩好青苔滑腻腻的身子一斜便往泉中摔去，雪娇来不及拉我，只是惊呼起来，"姐姐"，我双眼一闭，整个身子不受控制，眼见就要摔得狼狈不堪，我脑袋一片空白，心里暗想我命休矣，忽然身子一旋被人拉住了手臂一把扯上了岸边，脚下被石子咯的有些生疼，还没回过身来，便看见拉我的男子是秦灯儿，他朝我微微一笑。

"小姐，好轻。"

"你怎么在这里？"我一看是他，整个人又羞又恼，我用力一推，推得他整个人有些趔趄。

他被我一推也不恼，怔了一下，微眯了双眼，仿佛突然见了阳光般不能适应，"小姐难道忘了，今日是我们的三日之约，我是想去惠兰居的，想从后面的花园小道抄近路过去，只是，没想到在这里遇见了姑娘……"他打量了我几眼，目光驻留在地面上，我顺着他的眼光往下看，忽然发现他在盯着我的双脚看，原来我刚才在慌乱中忘记了穿鞋子，一双玉足在阳光的照射下，如盛开的莲花般，我心里不禁有些恼他，女子的裸足是那样的珍贵，又岂是随便人可以看的，若是再寻常百姓家，只有在洞房花烛夜时才可以给自己的夫君瞧见，我顿时觉得尴尬不已。

"好大的胆子！"雪娇已经跑过来，"姐姐的玉足是你看的吗？还不抓紧闭上眼睛。"我趁着雪娇讲话的功夫，快速地用自己宽大的罩衫把双足遮住，这才稍微松了口气。

秦灯儿也算是听话，听见雪娇的话自动转过身去了。

"你改日再来吧。"我的口气有些冷漠，说实话我对他今天的行为有些恼怒。

"姑娘不要生气，我改日再来便是。"秦灯儿附和道。

但一想起刚才要不是他救我，恐怕我早已摔到泉水中了，水中有些鹅卵石要是栽到里面肯定会受伤的，说来，这秦灯儿也算是我的救命恩人了。想起这些，我的口气不禁又软下来。

"姐姐，我们走吧。"我一穿上鞋子，雪娇便过来拉我，"你不许回头！"雪娇的口气有些强硬。

"好好好，姑娘们走便是，我保证不回头。"他还在背对着我们。

"好一个秦灯儿，没想到是这样的狂妄之子，枉我前几日还说他看上姐姐，好一个登徒浪子！"雪娇气愤不已。

"好了，娇儿，他也算是救了我，要不然现在还不是摔的一身泥淖，或者受伤了还不定呢，得饶人处且饶人吧。"

"姐姐，你就是善良，这样的人就该让他背对着站一天，"听雪娇这么说，我转过头去，看见那位秦公子还站在原地一动不动，瞬间"噗嗤"笑出声来。

"那位秦公子也真是的，我们都走远了还站在那里一动不动，"看我回头一笑，雪娇也禁不住被他的憨态逗笑。

"好啦，我们抓紧回去吧，我还要找慕薇姐谈谈建别院的事情。"

拂宜厅内，慕薇姐正在绣一副双面绣，双面绣最讲究的是绣者的功力、眼力和心思，千针万线才构成了一副极美的图案，多一针少一针都不行。更妙的是要把成千上万的线头巧妙地隐藏在图案下，这就更加考验绣者的灵巧劲儿了。

扶宜厅外一个小丫头在翻晒大匹的丝绸料子，这肯定又是慕薇姐购置来给姑娘们做新衣的，我透过湖绿色的练字，看见落在了地上的碧影，来回的翻动更搅乱了平静的影子，那粉蝶儿花样的图案在我的眼前来回的跳动，光影合离，更显得别具一番情趣，似乎是要凝注这夏天最美好的天影时光。

"慕薇姐，好大的雅兴。"我一张嘴，似乎有些打破房间的安静。

"是兰儿来了呀，快过来看看我这绣的春山远行图。"慕薇姐见我来了，忙停下手上的针线，拉我过去看。

"慕薇姐真是好手艺，这双面绣讲究的是巧劲儿，歪一针斜一下都会使图案变行，这春山远行图虽然还未完工，但这灵气劲儿已经显露出来了。"我边看边说，上百种的绿色渐欲迷人双眼。

"只是姐姐怎么想起绣着劳什子了，劳心费神。"

"哈哈，我哪有湘兰你那画兰花的本事，能把兰花画得出神入化，不过，兰儿，你不觉得越是费心思的事情越能考验一个人的心智与耐力吗？"她边抚摸着光滑的料子边跟我说。

"慕薇姐姐所言极是，我今日来是有些事情想与姐姐商量下，这几年我的手上多多少少也算是有了些积蓄，我想建一所别院，取名幽兰馆，姐姐觉得怎样？"我言归正传道。

"兰儿，以你现在在秦淮河畔的地位，建一所别院并非难事，我之前也有过类似的想法，不想今日你提出这样的想法来，我当然全力支持的。"

她莞尔一笑，"这大热天的，绣着绣着手心都开始出汗了，我去洗下手，要是不小心弄污了丝线就不好了。"

我望着她袅袅的身姿消失在窗帘外，没有想到事情会如此的顺利。"滴答滴答"的铜漏声格外的清晰，我望着窗外，任由时间一点点在耳边流过，寂静无声。

待慕薇姐回来的时候，只见她手上多了一个精雕细琢的木盒。三十有余的慕薇姐，仍然清秀娇艳，不愧是曾经红遍秦淮河的美人儿。

"兰儿久等了，我这里有些首饰，虽然不多，也是我的一点心意，你拿去用吧，建造别院要花很多银子的。"我没想到慕薇姐会做出这样的举动来，心下一阵感动。

"姐姐，这些银子我不能要，姐姐的心意我领了。"

"拿着，这是你应得的。"推搡了半天，终于拗不过，接过慕薇姐的木盒子，我忽然间想起了母亲。

夏日的午后，轻淡的雾气弥漫在扶宜厅内外，仿佛是上等的轻绵的蚕丝织成的，我就在这蚕丝中感动不已。

第二节　幽兰馆失窃

整整两月，幽兰馆都在修建当中，幽兰馆位于秦淮河畔，一出门便是旖旎的风光，风景自然是极美的，而这所别院也几乎花光了我所有的积蓄。

差不多两个月后，幽兰馆算是落成竣工了，我大笔一挥写下"幽兰馆"三个大字，拿去让巧匠们制作成牌匾，悬挂于门前。从今往后，这便是我马湘兰的家了，我不禁抬起头，仰望着天空，而此时一群大雁恰好飞过碧蓝如水的天空，是那样的高远，秋天已经来了。

幽兰馆整个相当僻静，是个两进的小院落，进门之后便是正堂，我给他取名为尚兰堂，堂后有一个小花园，我在里面植满了竹子和兰花，和幽兰馆的名字倒也相得益彰。花园的东南角有一汪小池塘，给整个院落增添了些灵动。堂前还种植了两株巨大的西府海棠，我记得母亲从前的新月堂前院便植着这样的两棵海棠，俨然秋天的到来，虽然不是时令花季，那风露苍翠的叶子倒也讨人欢喜。

往院中走，亦是盛开的兰花，清新淡雅，花香袭人，一簇簇地缀于叶间，远远闻见便如痴如醉，令人心旷神怡。若是时令花季的时候，多种些花草，定然是极美的。我内心大喜，一副《墨兰图》一会便泼墨出来，顺手在右下角题了小诗一首。

何处风来气似兰，帘前小立耐春寒；

囊空难向街头买，自写幽香纸上看。

偶然拈笔写幽姿，付与何人解护持？

一到移根须自惜，出山难比在山时。

尚兰堂内摆放着一个古琴，是我平时休息消遣的地方，一大块花梨木雕的万福万寿边框隔断了尚兰堂，分成了正次两室，被佩儿的巧手布置得十分雅致。

十月初六，我在惠兰居大摆筵席，宴请宾客，以庆祝幽兰馆的落成。去惠兰居摆筵席也是慕薇姐的主意，一来是为了给惠兰居增加点人气儿，二来也是想趁机增加与官府的一些交情，毕竟我们这些风尘女子还是要依仗官府来吃饭的，慕薇姐的心思我是知道的，她待我如女儿般，这个面子还是要给的，所以，宴会的地点就定在了惠兰居的扶柳厅，而并非我的幽兰馆。

这一日的惠兰居装扮得尤其艳丽，尤其是扶宜厅，整个扶宜厅皆用白螺石造成，玲珑莹彻，因为离秦淮河不远，坐在厅里还能听见丝竹管弦乐从不远的秦淮河处传来，声音清亮幽远却又少了些嘈杂之声。

与其说是为了庆贺我的幽兰馆落成，倒不如说是一场秦淮河畔达官显贵、名流贵族的聚会。这次宴请的都是些有身份的贵客，以宴会的身份求得官府的佑蔽，虽然我并不喜欢这样的场合，但是，慕薇姐一个女人打理这些关系已经够麻烦的了，能帮忙的我定当竭尽全力。

慕薇姐穿着一身绯红的"杏林春燕"的锦衣，岁月似乎并没有在她的脸上留下多少痕迹，愈发的年轻娇艳了。她清一色是金色收拾，高高挽起的发髻上插着一支如意簪，通体的纹饰为荷花和双喜字，珍珠翠玉，赤身灿烂，整个人都显得尊贵无比、神采飞扬。身后簇拥着几个小丫头，适时的往她的酒杯里面加酒，好敬众人。

坐在慕薇姐旁边的是沈老爷，是秦淮河畔的达官贵人，身体肥硕，胡须有些花白，五十岁上下的样子，看着慕薇姐的眼神有些迷离，果然是个好色之徒，我不禁有些鄙夷，但强压住自己内心的情感。

案上名酒热炙，腊味野珍，微风拂帘，期间觥筹交错，一派祥和的景象。

惠兰居出来的姑娘，个个技艺出色，席间的表演是必不可少的，姑娘们似乎也是铆足了劲儿，要在这些贵人面前把自己的毕生绝学展露出来。

雪娇的书法是极好的，双手一首一支毛笔，写了两个大大的兰字，字体苍劲有力，众人皆拍手称赞，头牌姑娘李素素高唱一曲《凤求凰》，音节流亮，感情热烈奔放而又深挚缠绵，把司马相如和卓文君的爱情故事唱得缠绵悱恻，而其他姑娘也不甘示弱，各显风流。

沈老爷忽然像是想起了什么，双手一拍，道："今儿个我们是为了庆祝幽兰馆的落成，咱们秦淮河畔最光艳照人的女子湘兰小姐是不是也该为大家表演一下？一瞬间所有人的目光都集中在我身上，虽然没有提前准备，但驾轻就熟的表演对我来说还不是问题。

"既然沈老爷这么说了，那小女子便献丑了。"我朝众人作揖，今日穿的着实素雅，不如为众人舞一曲。

我缓缓地走到舞台的终间，待曲荡人心魄的箫声轻扬而起时，我便起舞起来，一瞬间似乎是有成千上万的花瓣飘散下来，时而抬腕低眉，时而轻舒云手，长长的头发迎风飞舞，玉袖生风，行云流水若龙飞凤舞，起舞弄清影，何似在人间？待箫声急转时，我以右足为轴，轻舒长袖，娇躯随之旋转，愈转愈快。忽然自地上翩然飞起，我看着身边的众人，皆瞠目结舌地瞪大了双眼，我像手持琵琶的飞天，清雅得就像步步生莲的仙子，众人皆是如痴如醉的表情，凌空飞到那绸带之上，纤足轻点，衣袂飘飘，宛若凌波仙子。似乎是过了好久，众人才反应过来，一时间掌声四起，不绝于耳。

"湘兰姑娘果然是人间第一芳，这是下官见过的最美的舞曲了，妙哉妙哉啊。"接着掌声再次响起，慕薇姐趁机向沈大人敬酒，"以后我们蕙兰居的姑娘们还是要靠沈大人关照啊，这杯我敬您。"

"好说好说……"说着便在慕薇姐的手上拧了一下，双眼直勾勾地盯着慕薇姐的前胸。

宴席一直持续到午夜才结束，我喝了些小酒，一走路脚下有些微微生风，小醉微醺的感觉在习习的凉风中舒服至极。

沈老爷左拥右抱，慕薇姐安排了肩舆送我回幽兰馆，微风一吹格外的舒适，我便要求与佩儿步行回去。都住在秦淮河畔，慕薇姐便也没有再说什么，一弯月亮高高的悬挂在黑蓝绒地儿般的夜空上，明亮皎洁，月华如水，映在我手腕上悬挂的比目挂饰上，比目原是成双之鱼，如今在这皎洁的月光下，显得更加的落寞寂寥，只身一人，孤影成双，我不禁生出了些凄凉感，好在身边还有佩儿。佩儿倒是很开心的样子，嘴里微微的哼着小曲，我不禁被她的小快乐所感染。

没过多久的时间，便到了幽兰馆。只是，今日的幽兰馆似乎有些异常，大门开着，我心里大惊，疾呼一声"不好"，便直接奔向院中，院中更是一片狼藉，我平日收集的一些书籍被弄得到处都是，西南侧的小池塘里也全是散落的纸张，我一阵惊慌，这幽兰馆定是遇到窃贼了。

尚兰堂内更是凌乱不堪，古琴斜斜的躺在堂中央，东西被翻得乱七八糟，挂在墙上的墨兰图不翼而飞，其他倒也并未损失些什么。之前我建这幽兰馆，几乎花光了我所有的积蓄，所以也并未有什么银两可偷窃，只是这小偷着实可恨，大概也是由于无钱财可偷的原因，恼羞成怒，竟把我的藏书都丢在了外面的小池塘里。

"小姐，怎么会这样？"佩儿在一旁吓得战战兢兢的发抖，脸色如一张白纸，"要不要报官？小姐。"

"沈大人现在在蕙兰居，明日一早我们去报官府。"

一整晚我都辗转反侧睡不着，或许是挥金如土的缘故，这几年来我施舍穷人，建完幽兰馆后，也是捉襟见肘。谁又能想到，这繁华也只是表象，这秋风乍起的时节，一袭薄衣似乎已经不能抵御寒气，那凉意让我觉得寒冷，只是所有的这一切都是那样的无声无息。

第三节　戏弄朱孝廉

这一年的冬天似乎来得特别晚，直到了十二月才下了些纷纷扬扬的雪，这幽兰馆渐渐地也有了些寒冬之意。大雪绵绵几日不绝，如鹅毛般。我站在窗口，看着这飘飘洒洒的雪花，格外的伤神。

幽兰馆遇窃的事情已经两个月过去了，官府却依然杳无音讯，窃贼仍然逍遥法外，只是可怜了我那副《墨兰图》，要是到一位爱画的人手里还好，若是到那种附庸风雅的人手里……想到这些，心里一阵烦躁，便取了几日前的针线来做。这寒冷的季节，是该为自己添置些棉衣了。

堂外扯絮飞棉，绵绵无声地落地，佩儿在身旁练字。女子定然还是要读些书的，从去年开始我便教佩儿写字，此时的她一笔一划写得极其认真。地上的赤金镂花大鼎里焚着些百合香，幽幽的香味不绝如缕，静静地在暖阁中萦绕。房间里的窗户上为了避寒糊了一层明纸，透过外面青白的雪光，明亮至极，房间里是极安静的，甚至连外面簌簌的落雪声都能听见。炭盆里的炭火发出"兹兹"的响声，缕缕的热气溢出，手心竟然也微微有些出汗。

我放下手中的针线，低头看着自己所绣的花式，忽然一阵银铃般的笑声传进我的耳廓，不用猜我就知道，是雪娇妹妹。

我赶紧起身，刚一卷起厚重的锦帘，那发笑的人儿便来到了眼前，一阵冷风顺势吹进来。

"姐姐这里好生暖和呢，我刚才经过静心苑，看见几株开得正艳的红梅，便想起姐姐素爱梅花，摘了几枝来给姐姐赏，姐姐，你快看看喜不喜欢啊。"雪娇手里捧着一株寒梅，俏生生地站在我的面前，身上披着一件火红色的斗篷，斗篷的帽子上一圈儿纯白色的绒毛，把雪娇的脸映得更加的明媚动人，脸上更是抑制不住的喜悦，像是一个小孩子急于得到大人的表扬。

"快进来，外面这么冷。"佩儿顺手解下她大红色的苏锦斗篷，掸去上面的积雪。

"姐姐这里真是暖和，外面可要冻坏人了。"她像一阵灵动的风，瞬间就把我的烦躁感给驱走了，她犹不自觉的躲着双脚呵着气。

"天气这么冷，你这小丫头还到处乱跑！快把身上的雪掸了去，到时若是生病了，可不许哭。"我仍旧用儿时说话的语气跟她讲话，在我眼里，她永远是那个需要我保护的小女孩。

不可否认，这几年雪娇越发的俊秀了，胭脂红的小外套衬出姣好的身材，衣服上的金线绣出一个个明媚的花朵。整个人看起来一团喜气，明艳动人。

"姐姐，别发呆啊，快来看看我折的这些红梅啊。"雪娇拉过我来，耳朵上的耳坠在她说话时左摇右晃地飞舞起来。

"对了，佩儿，去把我们的白瓷冰纹瓶拿来，用来插梅花定然是极好的。"我忽然想起来，便嘱咐下去，不一会儿，便看见佩儿手里拿着一个纯白色的玉瓶，里面放了些水，整个瓶子熠熠生辉，梅花插到里面，红白相配，更显得素雅高洁。

"姐姐，我折的梅花怎样啊，你还没回答我呢。"她不依不饶。

"哈哈，你折的这梅花漂亮极了，或花团锦簇，或花瓣微微张开，含苞待放，这枝条更是遒劲有力，花欺兰蕙，漂亮极了。"听我这么一说，雪娇不禁笑逐颜开。

"姐姐，你比这梅花还美。"她银铃般的笑声又响起来。

"你啊，就是嘴巴甜，"我用手勾她的鼻子，她嘿嘿一笑，佩儿也加入进来，三人一同观赏品评起来，房间里全是欢声笑语。

"湘兰姑娘，外面有位朱孝廉求见。"忽然，外面传来小厮的声音。

"朱孝廉？哪位朱孝廉？"从未听说过有这样一个人。

"朱恒远，朱孝廉，说是仰慕姑娘的才华，今日特来拜见。"小厮补充道。

"朱恒远？这个禽兽怎么来了，上次就是他在蕙兰居，说素素姐姐偷了他的玉扇，当众就甩了几个巴掌给素素姐，这个卑鄙小人，今日来姐姐的幽兰馆，肯定没安什么好心。"听见朱恒远三个大字，一向温顺的雪娇脸色大变。

"此种大事，我怎不知？"

"姐姐久居幽兰馆，蕙兰居的事情自然知之甚少，没想到这个朱恒远今日来到姐姐门下了。"

"既然这样，那我们就要替素素姐姐报仇，这种人穿着儒服访青楼，想玩女人还想保住名声，是该让他们知道一下，我们青楼女子也是不好惹的，佩儿，奉茶，说我现在有客，等下去见他。"佩儿果然是个极其伶俐的丫头，瞬间便明白了我的意图，转身笑盈盈地往客房走去。

我拉着雪娇，藏在纱质的幕帘后面细细地观察着这一切，只见门堂中间坐着一个男子，三十出头的样子，方巾儒服，中等个儿，约摸不惑之年，长方脸上，红光流溢，目光炯炯，神采飞扬。五官也还端正，可惜生了一副倒挂八字眉，给人一种阴坏的印象。此刻的他正在闲适地吃着茶，丝毫未感觉到一场戏弄即将到来。

他一手端着香茶，一手得意地捋着胡须，举手投足间仍然散发出装腔作势的架势。大概等了有一炷香的时辰，便看见他的脸上显现出不耐烦的表情来，或许他从来没有受到过这样的怠慢吧。这时，佩儿适时走进去，他刚刚燃起的怒火被强压下去。

"湘兰小姐让我转告你，她现在正在会客，一时半会走不开……说完，佩儿故意压低声音，"你知道我家小姐会客的客人是谁吗？那可是咱们秦淮河畔的知府大人，沈大人，你……"佩儿吞吞吐吐地说，"你是不知道每日来拜访我家小姐的名帖，足足有一摞那么高。"佩儿边说边比画着。

"那为何还要收我的银子？"朱恒远的脸上有些不高兴了，但还是可以看出他在强压自己的怒火。

"朱相公不要动气啊，我们家小姐是看你大老远冒着大雪跑一趟来，才收下你的银两的，让你在这边等候，你这才等了多久啊，有些人为了见我家小姐一面，等个十天半月是常有的事儿，你若是真对我家小姐有意，多等一会儿又算什么呢？"佩儿反唇相讥，没想到这个丫头的口才这么好，一口气说得朱孝廉哑口无言，我和雪娇相视一笑。

"那……那……那位沈大人……"我看他欲言又止的样子，就猜出了他的话，他肯定是要问这位沈大人是否要在此留宿，好盘算自己还要等多久。

"那位沈大人怎么了？他早走了！"佩儿哈哈大笑起来，我和雪娇虽隔着纱帘，但看着朱孝廉的样子，险些要笑出声来。

再看这位朱大人，脸色因为生气而变成猪血色，声音都变得颤抖起来。

"你们……你们戏弄我！"

我和雪娇再也忍不住笑出声来，朱大人恼怒不已，甩下一句"后会有期！"便快步走出了厢房。朱孝廉前脚一走，我和雪娇便走进厢房，三人大笑起来。

"你没有看见这位朱大人的脸，真的给气成'猪大人'了，哈哈哈……"雪娇一向嘴快，一下子说得我们又笑起来。

"佩儿做得好，没想到你这口才这么好。"我不禁夸奖起她来。

"都是小姐教得好。"她微微一笑。

外面的雪好像已经停了，厢房外一连串的脚印，应该是朱大人留下的，梅花的幽香阵阵传来。我微微一笑，心内平和欢畅。

第四节　初遇落魄才子

到了三月里，天气渐渐变长了，没事的时候，便在幽兰馆里抄抄经书，让自己的心情平静下来。冬寒尚未退去，幽兰馆外的树条上还积着些厚厚的残雪，我常常能听见树枝被残雪压断的清脆声，雪光照得外面一片明亮，清冷的雪光透过明纸糊的大窗，折射出一丝丝淡淡的青色，像是上好的青花瓷上那层薄薄的釉色，又像是十五六的月色，宁静而悠长。

许久未弹琴了，坐在古琴旁信手弹起来。

阵阵残花红作雨，人在高楼，绿水斜阳暮，新燕营巢导旧垒，湘烟剪破来时路，肠断萧郎纸上句！三月莺花，撩乱无心绪，默默此情谁共语？暗香飘向罗裙去。

我的幽兰馆看似人来人往，我的诗文和画作被当时文人雅客争相收藏，我似乎也成了许多江南才子、王孙贵胄追逐的对象，这看似繁华的表象下，只有我自己知道我是有多么的落寞，当一切繁华落尽，我终究还是一个飘若浮萍的女子。送张迎李、老友新客，更多人是以客人的身份，来也匆匆去也匆匆，看似热闹非凡的生活下，更多的是虚与委蛇。想到这些我不禁一阵轻叹，庭院寂寂，残雪落落，平日里累积的寂寥竟一下子涌上心头，让我唏嘘不已。

秦灯儿还是日日来我的幽兰馆，说要为我扎一株最美的荷花，我常常看着他一言不发，就像是形成了一个习惯。

天气渐渐暖和起来，我在闲来无事的时候便喜欢到户外去晒晒太阳，我的幽兰馆外景色也是极致的美，兰花和梨花已经开始冒出了花骨朵，名花盈风吐香，一派欣欣向荣的样子。我顺着幽兰馆的方向一路前行，不觉间来到了一个小花园，景色极其的静谧安好，人迹罕至，种满了玉兰、海棠、牡丹、桂花等象征富贵吉祥的花束，空气中传来淡淡的幽香，让人喜不自禁。

不远处有一方浅浅的水池，水光潋滟晴方好，远远地望去水天一色，犹如蓬莱仙阁般，氤氲的水汽，令人心旷神怡，还有一株极其粗壮的老松树，枝干粗壮，想来也有百年了吧，一枝一叶店都显得郁郁葱葱，浓荫蔽日。

这日的阳光也是极好的，天空微微发白，漫天飞舞着洁白的柳絮，落在人的皮肤上不禁有些痒痒的。我看见不远处有一个秋千，是由杜若和紫藤缠绕而成的。秋千上开满了紫色的花朵，我想做这个秋千的人必是极其灵动的，枝叶柔软，香气悠扬，随风荡起的时候，在细腻的春风中，犹如母亲的手轻轻地抚摸着我的脸颊，而突然用力的时候，呼呼的风从耳边吹过，带着些温柔的香气，如在云端。

佩儿轻推秋千的架子，我双脚荡在秋千上，自由摆动着。不远处便是一株开的极艳的兰花，我一会儿靠近它，一会儿又远离它，整个身子飘来飘去，"婀娜花姿碧叶长，风来难隐谷中香。不因纫取堪为佩，纵使无人亦自芳。"前人是这么写的，那花朵长得簇拥在一起，密密匝匝的，仿佛是天边的一抹最明艳的色彩。

"佩儿，你慢点慢点，"不知什么时候，佩儿加大了力度，我整个人犹如要飞上云端，耳边的风呼啸而过。

"哈哈，小姐，好久没听你唱过小曲儿了，天气那么好，唱一个吧。"佩儿提议道。

"好吧，我想想，《凤求凰》怎样啊？"

"好啊，好啊。"

有一美人兮，见之不忘。

一日不见兮，思之如狂。

凤飞翱翔兮，四海求凰。

无奈佳人兮，不在东墙。

将琴代语兮，聊写衷肠。

何日见许兮，慰我彷徨。

愿言配德兮，携手相将。

不得於飞兮，使我沦亡。

　　这是我幼时母亲常常哼唱的小曲，年轻的母亲将头发梳得光亮整洁，没有一丝乱发，脸上带着我看不懂的表情，有些幽怨，又有些惆怅。而等我长大后，再次唱起这首《凤求凰》的时候，似乎有点理解娘亲当年的心境了，娘亲这一辈子都在等待爱情的到来，从青楼到嫁与父亲，或许母亲根本就不爱他，那时的她需要的是一个归宿，洗尽铅华后的安稳，而父亲的出现恰好给了她归宿，可是母亲并未收获到爱情。

　　想起这些，我不禁有些微微的怅然，读了那么些凄凄惨惨的爱情故事，身边那么多的男子来来回回，到底谁才是我倾尽全力要寻找的那个人呢？忽然我发现背后有一个黑影，吓了一跳，他浓密的眉毛叛逆地稍稍向上扬起，长而微卷的睫毛下，有着一双像朝露一样清澈的眼睛，英挺的鼻梁，像玫瑰花瓣一样粉嫩的嘴唇，还有白皙的皮肤，紫色的乌发束着白色丝带。腰间束一条白绫长穗绦，上系一块羊脂白玉，另外还别着一只翠色沉沉的玉箫，外罩软眼罗轻纱，整个人看起来气宇轩昂，神丰朗朗，一双炯炯有神的明眸细细地打量着我。我忙从秋千上跳下去，脸上有些微微的发红。

　　"姑娘的歌声，真是美妙，好久没有听到那么美妙的声音了。"我们相互打量着，倒是他先开口了。

　　"公子谬赞了。"我微微一笑，我看了一眼他腰间的玉箫，便开口道，"看来公子也是通晓音律之人，这如此烟花柳绿的春光，若有箫声相伴，也不辜负这良辰美景了。"

"既然姑娘开口了，我便为姑娘奏一曲便是，只是我的箫艺并不精湛，那我就献丑了。"公子风度翩翩，说罢便拿起箫吹起来。

箫声咽，秦娥梦断秦楼月。秦楼月，年年柳色，灞陵伤别。乐游原
上清秋节，咸阳古道音尘绝。音尘绝，西风残照，汉家陵阙。

玉箫的声音悲凉呜咽，秦家楼上的下弦月，每一年桥边青青的柳色，都印染着灞陵桥上的凄怆离别。他虽然离我不远，那声音却余音袅袅的好似从天际中传来，极是感慨。《箫声咽》本身便是描写了一个女子思念爱人的悲凉心境，再加上箫声的呜咽，声声催人泪下，我不禁听得有些出神，一曲罢了，他明媚的笑容便出现。

阳光明晃晃微微的有些照眼，他的微笑像是一道耀眼金光，一下子就划破了浓雾，我表情有些微微的不自然，但毕竟是秦淮河畔的女子，这种不自然转眼便消失了。

"公子吹得真好。"我莞尔一笑。

"姑娘过奖了，在下王稚登，还不知道姑娘的芳名呢。"他把箫放在手里，朝我作揖。

"马湘兰。"我含笑道，然后又一下子坐在秋千上，秋千轻轻一荡，荡起层层的涟漪，就像我貌似平静的心，春日里的空气极是新鲜，带着些淡淡的芳草香。不远处的一棵大树上，有早莺在轻啼，传来阵阵欢快的鸟鸣。

忽觉秋千被大力推了一下，我一惊，是王公子。双手不觉间抓紧了两边的绳索。秋千很快高高飞起来。

"王公子，慢点，慢点。"我心里一阵惊恐，紧紧地抓着绳索，生怕一不小心，整个人从秋千上摔下来。

王稚登嘴角带着笑意，更加大力地推着秋千，我只觉得万千的发丝随

风前后摇摆，而我却紧张得要命，眼睛如杏子般瞪着，秋千摇摆的幅度更大了，我顽皮地伸出脚掌，一脚踢到远处的梨花树，一时间梨花簌簌地倾泻而来，惊得树上的早莺扑棱着飞走了，一场梨花雨瞬间而来。

千万朵花瓣纷纷扬扬地飘落，我和王公子中间隔着千千万万的花瓣，忽然一朵小花瓣落在了我左眼的睫毛上，我伸手试图想去把它摘掉，却不想手一松整个人一倾斜，顺着秋千飞出去，我吓得大叫一声，待反应过来，睁开眼睛却发现自己不知怎么飞入了王公子的怀里。也许是因为靠得太近的缘故，我甚至能感觉到他的呼吸，像是这个季节的春风，暖暖的。

不知我们静静地对望了多久，我看着他乌黑的瞳仁，是那样的清澈明亮，我一阵慌乱，一把推开他，仓皇而逃。

第五节　恶劣敲诈马湘兰

从那日偶遇王公子，我便有些心神不宁，我也不知道自己是怎么了。

漫长的深夜，我独坐在桌前翻看《诗经》。窗外的夜色是极好的，寂寥如水，我默然地看着《诗经》上白纸黑字的情意绵绵，平日读起来的时候，总是读得津津有味，今日读起来，总觉得神情有些恍惚。我拿起一杯冰山雪水茶，想缓解一下烦躁的心情。

月光如绮，我看着窗外，静谧的月夜下丝丝夜风吹起，外面的树叶被吹得沙沙作响，我看着窗纸上绰绰约约的倒影，像极了某人颀长的身影。白日的事情一下子又浮现出来，那黑白相间的字像极了他黑白分明的瞳仁。他的眼睛里散发着无限的柔情，那一颗浮躁的心渐渐地平静下来，绵软如绸。

在烛光的辉映下，仿佛每一个字都在熠熠生辉，缎子衣服上映射出锦绣的光滑，我才忽然想起此刻的我身在幽兰馆，而我不过是一个红尘女子，一阵心痛和失落感向我袭来，心情也随着痛慢慢地平静下来。

我随意地翻阅这诗经，一行字浮现出来，更是看得我脸红心跳。

绸缪束薪，三星在天。今夕何夕，见此良人？子兮子兮，如此良人何？
绸缪束刍，三星在隅。今夕何夕，见此邂逅？子兮子兮，如此邂逅何？
绸缪束楚，三星在户。今夕何夕，见此粲者？子兮子兮，如此粲者何。

看着这些句子，好像自己的秘密被窥探了去，不禁一阵面红心跳，再看着那些句子好像是会讲话一般，我不禁有些恼怒，双手把书本一合，本是不可能的事情，我这又是在做些什么，一下子便泄了气，昏昏沉沉地一觉睡到天明。

翌日起来，忽然觉得脑袋有些闷闷的，一觉便睡到晌午，起来梳妆打扮一番，可还是一副无精打采的样子。

"小姐，不好啦，不好啦。"佩儿像是一阵风一样，我不禁觉得脑袋有些疼。

"都跟你说过多少次啦，遇到什么事情不要慌慌张张，慢慢说。"

"今天早上我听见小苏儿说，外面大街上贴了一张告示，说……说……"佩儿有些吞吞吐吐，我忽然预感到不好的事情就要发生了。

"什么？你快说啊。"我催促道。

"他们说小姐是流妓，要把小姐驱赶出秦淮河。"佩儿一句话还未说完，眼泪便哗哗地掉下来。

"天哪！"我大叫一声，像一个晴天霹雳，一下子就把我击退了，驱逐出秦淮河？我究竟犯了什么过错？！

"小姐，我听他们几个说，这个事情是朱孝廉搞的鬼，我上次捉弄了他，他现在打击报复小姐，真的是好生可恶……"佩儿一个人在旁边嘀咕起来，我的脑海里面浮现出朱孝廉生气的样子，他离开幽兰馆时因愤怒而呈现青紫色的脸庞，我不寒而栗，本以为只是捉弄他一下，却没想到这个人的报复心这样强，竟要把我驱逐出秦淮河畔。

更可恶的是他们居然称我为流妓！真是不知道何时才能把这个字从自己的身上抹掉。世界那么大，可是我能去哪呢？举目无亲，四野浩瀚，我要去哪里呢？想到这些，眼泪不住地流下来。

我抓紧跑去蕙兰居找慕薇姐商量对策，此时的慕薇姐也是满脸焦虑，一见到我便把我抱在怀里。

"丫头，我也是刚听到这件事情，不过你放心，我先去沈老爷那问下现在的情况，放心吧，有我呢。"我感到莫名的安心与感动，从小就是这样，慕薇姐什么都能帮我处理好，这次也一定可以的，我像是抓住了一棵救命稻草。

"对了，慕薇姐，这是两百两银子，上次幽兰馆遇窃后，这便是我全部的家当了，你去沈大人那里，肯定是需要些银子的。"我把带来的银子全部交给慕薇姐，以我对沈大人的了解，不出些银子是很难让他去办事的，哪怕是慕薇姐。

慕薇姐略微思索了一会儿，说："兰儿，这些银子我先帮你收着，去打点下看看，若是用不到我再退还与你，你也不要太焦急了。"

"我相信慕薇姐的。"

等待的几日，我像是热锅上的蚂蚁，食不知味，夜不能寐，脑袋里全是朱孝廉那张满含愠色的脸。

只是，我并未等到皆大欢喜的消息。那一日慕薇姐来看我，我第一次见到她六神无主的样子，那种焦虑是发自内心的。

"兰儿，这件事情好像很棘手，我去问了沈大人才知道朱孝廉的父亲是鼎鼎大名的府尹大人，而驱逐你的这消息，便是这位府尹做的，他是摆明了要替自己的儿子出口恶气，沈大人收了我的银子，说帮我们打理下，只是……好像也有些力不从心。"慕薇姐轻叹了一口气，一阵风把她的头发吹得更凌乱了。

本以为慕薇姐一出马事情就能被摆平了，我稍稍安定的心再次暗流四涌，说不出的悲哀与痛苦。

我失神地走出房间，一路顺着幽兰馆前面的小路前行，仍旧是百花争艳的时节，只是我的心境却早已不同。猛一抬头才发现自己在不觉间又来到了那日与王公子相遇的地点，我深情枯槁，面容憔悴，眼睛由于整夜焦虑不能寐而失神。我觉得此刻的我仿佛已经失去了灵魂，恍惚间听见一个熟悉的声音在呼喊我的名字，紧接着便看到一个人向我狂奔过来，是王公子！

"湘兰姑娘，湘兰姑娘，我终于找到你了……"是他，那张白皙的面孔，那熟悉的身影，我没想到此刻极其狼狈的我会在这里遇见王公子，此时的我定是极其憔悴的，我这样憔悴的样子如何见王公子呢？我下意识地把头低了下去。

"湘兰姑娘，你快和我回去，我们好商量下即将要发生的事。"他看着我，眼睛里面全是真诚，还下意识地用了"即将要发生的事"来代替"流妓"这个词语，犹恐伤了我的自尊心，我不禁一阵感动。

"还有什么办法呢？"连慕薇姐都没有办法，他一个书生气的男子又能有什么办法呢？只是，后面的话我没有说出来。

"湘兰姑娘，你相信我好不好，我定能让你安然。"看着他那真诚的眼神，我不知道该说些什么，似乎冥冥之中有种力量让我去相信他。

"不不不，王公子，朱恒远最好面子，你这样去求情他定然会没有面子，甚至迁怒逗你的身上，而且我怎么能让你为了我去乞求那个小人呢？"我有些困惑。

"湘兰姑娘，我自有妙计，你放宽心吧。"又是那个温暖到人心的微笑。

"以子之矛攻子之盾，湘兰姑娘，你就相信我这次吧，我自有办法让他们收回成命。"他的嘴角微微上扬，我的心也跟着平静了许多。

"只是，公子，你怎么在这里？"我仰起脸看着他的俊秀的面庞。

"我……我恰巧经过这里。"他不再看我，眼睛望着远方，"王十四，把马儿牵来吧。"只见一个小厮模样的男子，牵着一匹白色的骢马，他顺手牵过缰绳，手轻拍了下马背，在马的耳边又不知耳语了些什么。

"姑娘，上马吧，我为你挽马。"他看着我，眼睛里全是真诚，让人不忍拒绝。

"你堂堂一个文人，要为我一流妓挽马，不怕污蔑了你的名声？"想起自己的身份，我怯懦了。

"文人又怎样？湘兰姑娘为人谦和，文采斐然，别说是挽马，就是抬轿都无妨，只是，就看湘兰姑娘有没有这个勇气爬上马背了。"他诙谐地一句话带过，听他这样一说，我走到马驹前，轻轻一跃，便稳妥地骑在了马背上。

"哈哈，湘兰姑娘好漂亮的姿势啊，英姿飒爽，真是巾帼不让须眉。"
我被他说得有些不好意思了，脸上有些微微发烫。

　　王公子牵着缰绳，我坐在马背上，此时的我终于明白了幸福的含义，
这是第一次有一个男子为我挽马。夕阳下的花叶长的更茂盛了，一夜间仿
佛花蕊粉吐，那一株兰花经过昨夜大雨的洗礼，不但没有凋零反而开得更
加茂盛了，如凝了一树的春光夏影。

第二章　独秀于内，博古知今，纵蓉红尘有馀馨

第六节　砚台遇知音

隆庆三年，我十八岁。

流妓的事情终于告了一段落，我不知道王公子用了什么样子的策略，让府尹大人改变了主意，最后事情草草结局，我画了一幅兰花赠与了府尹大人，事情不了了之。后来听人说，王公子动用了他所有的关系，甚至还去找了他曾经的师兄，文征明大学士的得意门生王大人，让我感动万分。

王公子的出现让我爱上了《诗经》和乐府里面所有与爱情相关的诗句。我明知自己的身份，可是我仍旧无法遏制自己的想象，似乎所有美好故事的主角都成了我和他，我因为自己编织的故事而变得兴奋，我甚至一度怀疑，我的一生会不会就在我这样美好的想象中悄然度过？想念他成了我枯燥无聊的生活中唯一的乐趣，我想象着我们在一起，或许，那日明媚春光的日子，他为我挽马的日子将成为我这一生中最美好的回忆，他的微笑为我开启了一扇门，那是一个充满花香鸟语和旖旎繁华的世界，那些是我从未接触过的，要面对的是刀光剑影也好，毒药香粉也好，这些都阻止不了我对它的向往。

这个夜晚我站在镜子前伫立了良久，镜中的女子头上倭堕髻斜插碧玉龙凤钗。香娇玉嫩秀屬艳比花娇，指如削葱根口如含朱丹，一颦一笑动人心魂。这便是我最美好的时光，我关上房门，看着镜中的自己，穿上最美好的衣服，戴上最美丽的首饰，然后整个房间里点满了红烛，我把衣服穿上又脱下，我不确定我是否一直要这样让自己的青春耗在男人们的虚与委蛇当中。看着镜中的自己美好而又年轻的面孔，我想起了书上的一个词语，叫做"孤芳自赏"，大概就是在写我这样子吧。因为王公子的出现，我的人生开始变得有意义。

这一日，我请王公子来我的幽兰馆喝茶，名义上是为了答谢他的救命之恩，实际上也是为了满足自己想见到他的愿景。古书上说"一日不见兮，如隔三秋兮"，这大概就是我此时的心情吧。

没多久，王公子来了，我早早地让佩儿备下了绸缎垫子铺在座椅上，又焚了一把从西域所进贡的瑞脑香放在座椅旁边的铜炉里，丝丝的香气一阵阵地飘过来，不一会儿便没入在空气之中，不一会儿整个房间里都萦绕着馥郁的芬芳，王公子一坐下，我在他旁边的梨花木椅上坐下来。

"上次的事情，多谢王公子了。"我微微一笑。

"小事，不值得一提，"他端起身旁的茶一饮而尽，"姑娘这茶味道真不错"，此时茶叶徐徐下沉，干茶吸收水分，叶片缓缓舒展开，现出芽叶的生叶本色，芽似枪叶如旗，水汽夹着茶香缕缕上升，如云蒸霞蔚，清幽的茶香环绕。

"这是我亲手为公子调制的，公子喜欢便好。"我答道。

"这茶的味道格外的清冽幽香，我品了这半天，只知道这茶叶是越州寒茶，里面有松针和梅花的香味，其余的我就不知道了，湘兰姑娘，你这茶是如何泡制的？"他品茶的时候微微有些蹙眉，神情极为认真，我不禁莞尔一笑。

"王公子好灵活的舌头，我这茶叫做'岁寒三友'，是我收集了梅花瓣、竹叶和松针一起用夏日荷叶上的露珠煮过的，所以才会感觉清新如斯。"我隐约记得母亲曾经做过这样的茶。

"湘兰姑娘真是蕙质兰心，能想出这样别致的茶，今日能吃到湘兰姑娘的岁寒三友茶，王某也不枉此生了。"听他这样一说，我的脸有些微红。

"王公子过奖了，我记得娘亲曾经做过这样的茶水……"说起娘亲，我不由感到一阵淡淡的忧伤。

"对了，素闻姑娘擅画兰花，不如今日为我画一株，也算了却了王某的一桩心愿。

　　我没有想到王公子居然也喜欢我画的兰花，不禁有些欣然得意，便一口应允了下来，让佩儿拿出笔墨，我用最快的速度画了一幅《一叶兰图》，王公子一言不发，静静地看着我的画，我们相视一笑。

　　我思索了须臾，信手在画上题了一首七言绝句："一叶幽兰一箭花，孤单谁惜在天涯？自从写入银笺里，不怕风寒雨又斜。"或许只有我自己才知道这幅兰花图里面包含了我多少的情感，这首诗从文字的表面上来看，是在说兰花的幽寂无依，其实这何尝又不是我个人的心境呢？这么些年来我身处红尘中，看似风光无限，可是谁又知道这繁华背后我的落寞，若有一人能真心待我，我愿放弃现在所有的一切浮华，一心追随了去，只是，王公子你能明白我的这些心意吗？

　　我看着他眉头有些微蹙，像是陷入了深深的思索中，我瞬间觉得有些不安，我一下子就想到了自己的身份，陷入了深深的惶恐之中。看着王公子半天蹙眉思索的样子，或许他读懂了我的暗示，只是我这样的女子……他会不会觉得我是那种水性杨花的人？想到这里，我又提起笔来，快速地挥毫画了一副"断崖倒垂兰图"，然后在上面写了一行字，表明我的心迹，"绝壁悬崖喷异香，垂液空惹路人忙；若非位置高千仞，难免朱门伴晚妆"，我是那么迫切地想让他知道我虽为青楼出身，可是并不是所有的人都可以一睹我的芳泽，我并不是墙边的野花，我是那么急切地用空谷的幽兰来证明自己，看着他仍旧木然的眼神，我忽然发现自己的心微微地疼了一下，自己是有多傻。

　　王公子看了外面盛开的兰花一眼，紧蹙的双眉忽然拧开，嘴角的弧度上扬起来。

　　"姑娘果然好文笔，信手一写便是绝顶佳作，古人云'腹有诗书气自华'，想来是不假的。"他垂下眼帘，继续欣赏着我的诗作，而没有人知道此刻的我心在滴血。我的目光也转向窗外，纱窗下瓷缸里中的石榴花，表面上看花开似血，可是仔细一看，却发现早已有大半已经衰落了，有些焦黑，让人触目惊心。

"湘兰姑娘，你送我兰花图，我也送你一个砚台吧，这个砚台是易水砚，易研墨，不伤笔毫，台面潮润，宜书宜画。"他从身后拿出一个砚台，只见砚台石面光泽，细润如玉，质刚而柔。"这样的好砚配上姑娘的好字，也算是有了归宿。"说着便把砚台递予我。

　　到底还是这样的结局，我也不再言语，屋内一片寂静，都说"庄生晓梦迷蝴蝶"，是庄生故意喝醉，还是蝴蝶故意把心思放在庄生的身上，罢了罢了。或许他没有发现我的心意，我转身时泪水轻轻地滑落下来。

　　我顺手拿起笔来在旁边的宣纸上，题下"百谷之品，天生妙质。伊以惠我，长居兰室"几个大字。

　　那日之后，我便再也没有向王公子暗示过要嫁与他的意思，枫林红了，菊花开了，大雁南飞了，日子一天天地过去，渐渐地秋风也变得凌厉了，王公子还是像什么都不知一般，每隔几日便来我的幽兰馆。我们经常讲讲诗词，或者什么都不说只是静静地下一盘棋，棋子黑白分明，就像是我们之间的关系，或者是煮酒论诗词，日子竟也过得清闲。

　　一切如旧，仿佛我从未说过那些话，仿佛也从来没有爱过。

第二章　独秀于内，博古知今，纵蓉红尘有馨馨

第三十章

秦淮河畔，莺飞草长，不将颜色媚春阳

信有涛风不厌贫，吹帘入幌转相亲。

红颜薄命空流水，绿酒多情似故人。

眼药难辞星入鬓，闭门长与月为邻。

黄金散尽真堪惜，前日辜知是陌尘。

第一节　钦差落宿秦淮河

隆庆五年，钦差大臣魏保游访秦淮河，整个秦淮河张灯结彩，一片祥和。

作为风月之地的蕙兰居，也开始装扮起来，而我作为秦淮河畔的头牌风月女子，自然也逃脱不了。幽兰馆内人来人往，慕薇姐让我每日教丫头们练习舞曲，每日的排练把我的幽兰馆挤得水泄不通，还有我的花草，被人践踏得不成样子，索性我就搬回了蕙兰居去住。

刚搬回蕙兰居没几日，便有小厮模样的人来传话，说钦差魏大人约我夜晚泛舟秦淮河，慕薇姐商量都没商量便应承了下来，想来这样的钦差大人也是得罪不了的，我也便不好再说什么。魏保是朝廷忠臣魏忠贤的义子，宦官当道，朝廷世风日下，宦官义子都可以做钦差大臣，想想也是一种讽刺。

云掩深秋，一股凉意袭来。

天色刚刚有些朦胧渐黑，一顶小轿子便停在了蕙兰居的门口，我故意着了一件极其素雅的衣衫，略施粉黛，整个人尽可能地往平淡了打扮，这也是我的一个私心，若是这魏大人看我姿色一般，无任何过人之处，自然不再召唤我，我就少了一桩烦心事。

夜色如水，天气有些微凉，我不禁下意识地裹紧了身上的衣服。走了没多久，我透过轿子的布帘便看见了魏大人的游舫像只浮游在水面的庞然大鹅，曲项向天。横在空中的鹏翼阴影覆盖了它，唯有那只白绸纱灯，一晃一晃，好似鹅的不甚明亮的眸子，散发出淡淡的柔光。

轿子停下来，我抬头看了一眼夜色下的秦淮河，皓月盈湖，俄顷，天空就变得灰暗了，仿佛是从什么地方飞来了只硕大无比的鹏鸟，它那沉重的翅翼，把青烟似的月光遮挡了，割裂了。即便多情的月光依恋着下界，也只能从翅翼的隙间偶尔偷望一眼，可落到湖面，已不过是些斑斑驳驳的残片罢了。没有风，湖水却不很平静。

我慢慢地踱步，佩儿跟在我的身后，一步一步地向游舫上前行，船头处站着一个男子，见我上来，伸出手，欲把我扶上云，我装作没看见，自己一跃而上，旁边的湖水涟漪顿生。那位小厮觉得无趣，便不再吱声，带着我前往船舫里面走去。

我往里走，只见一个男子，身着官服，头戴一个方巾，连两道浓浓的眉毛也泛起柔柔的涟漪，好像一直都带着笑意，弯弯的，嘴角挂着一副狡黠的笑意，一脸的奸臣相，俗话说，相由心生，似乎不无道理。

他看见我走来，站起身来，微微一笑："在下钦差魏保，今日终于见到马湘兰小姐了，姑娘风华绝代，早前便听沈大人说你一曲惊鸿舞，翩若游龙，如仙子下凡一般，今日终于得见，幸会幸会。"他满嘴的奉承话，果然又是那个沈大人。

"这花好月圆之夜，魏大人舍弃天伦之欢，邀湘兰赴约，真情垂爱，令人感激不已，敬请大人饮此一杯，聊表寸心。"我举起酒杯假意逢迎，或许灌醉他，让他喝到不省人事也不失一个好的方法，我的脑袋在飞速地盘算着，想着如何快速结束这场桃色意味明显的盛宴。

"姑娘何需喝得这么着急呢？今夜漫长，我们慢慢来小酌便是。"他拿过我的酒杯，喝了一口"雪糯香"，两颊有些微红，泛起了春色的涟漪，眼睛直勾勾地看着我。

魏大人眼睛看着我，一副稳操胜券的样子，我早已见多了这种装腔作势的恶吏，惺惺作态是他们常用的伎俩，他以为以他钦差大臣的身份就可以肆意地对我做什么，我的心里不禁一阵厌恶之感。他貌似柔情地看着我，伸出他的手在我的手背上抚摸，我瞬间把手抽出来。

"大人，我这边有些我曾经的诗作，这月圆之夜我们一起品评下诗词如何？"未赴约之前，我早已派人调查好了魏大人的喜好，他喜收藏书，恨别人官位高过他，也恨别人收藏的书多于他，果然，他一见到一些藏书，眼睛放起亮光，或许这样能拖延一些时间，我仍旧在盘算着自己应该如何尽早从这个恶魔的手中逃离。

魏保一直盯着我，此时的他眼睛忽然发出一道贼光，眼睛里的欲望与贪婪让我觉得大事不好。他猥琐的目光在我的身上扫来扫去。

"湘兰姑娘倾国倾城，真乃人间尤物啊。"他气定神闲地往背椅上一靠，"我见惯了庸脂俗粉，今日姑娘这出水芙蓉的装扮似羽化而登仙，叫人倾醉啊。"

"没想到魏大人还是一个情种啊。"我有些惊地后退，内心焦灼不安。

"你看这夜色如此的清净，就我们俩人，不如……"他恣意地大笑起来，步步向我逼近，忽然紧紧地把我抱在胸前，手指不安分地开始上下游走，我竭尽全力地挣脱着。

"不好了，大人。"外面传来一阵急切的敲门声。

"谁？什么事情？"他一脸的愠色，一把推开我，我抓紧整理好自己的衣服。

"大人，不好了，外面传来话，说您秦淮河畔的府邸着火了！"小厮的声音急切，掺杂着一些惊恐。

"什么？"他的脸色露出一丝慌张，"改天我再收拾你！"魏保转过头来，恶狠狠地瞪了我一眼，转身消失在黑暗中，我一下瘫坐在地上。

"小姐，你没事吧？"魏保前脚一走，佩儿便赶忙跑进来搀扶我，我假装镇定地摇了摇头。

"布谷，布谷……"门外传来一声声布谷鸟的声音，像布谷鸟，仔细一听又有所区别。

"佩儿，我们快离开这是非之地，外面什么声音？"我和佩儿刚走出游舫，便听见外面的花丛中有人在轻唤我的名字，心下又是一惊。

"谁在唤我？"我轻声答道，只见树丛之间一个身影渐渐浮现出来，头上顶着些茅草。

"湘兰小姐，是我。"我仔细一听，觉得这声音着实的熟悉，却又一时间想不起来是谁，待他摘掉脑袋上的茅草，才发现竟然是秦灯儿。

"怎么是你？"

"我今日听说钦差大人要见你，便一路跟着来了，见小姐一直在游舫上不出来，担心小姐的安危，便在钦差府衙放了一把火，见魏大人走了，这才来接小姐回去的。"

"那把火是你放的？"我心里有些感动，没想到他居然为我做这么多，要是被人发现，这可是杀头的大罪。"秦公子，我……"因为感动声音有些哽咽，要不是那把火，恐怕今夜我早已…….

"湘兰小姐，什么都不要说了，我送您回去，先离开这个是非之地要紧。"

回到蕙兰居已是午夜时分，时近一更，整个别院显得异常的寂静无声，蕙兰居如往常般熄灭了庭院中一般的灯火，我怀着战战兢兢的心情躺在床上，这看似平静的背后却隐藏着往日没有的惊恐，我毫无睡意，在深夜中保持着如野兽般的警惕与觉醒。我不知道接下来我所面对的是什么，我仿佛突然苏醒与长大了，我不断地安慰自己，可是惊恐还是深深地蕴藏在了空气中，让我无处躲藏。

更鼓的声音变得越来越近了，洪亮的梆子锤击更鼓的声音不知会不会惊醒别人的春梦，而对于我来说，那更像是一阵阵尖锐的叫嚣，我惧怕白天的到来，我想到了王公子，当他知道这个消息的时候，会不会再像上次一样，拼劲全力地去救我？我不知道。

第二节　雨骤雷疾泥潭深

第二日我闭门谢客，在蕙兰居内。

我跪在白眉神前，潜心祈愿，希望我能度过这一劫。白眉神是我们青楼女子最尊崇的神，每次有不好的事情出现，慕薇姐总是虔诚地叩拜，希望以此来化解苦难，这一次我是这样的虔诚。

窗外的是渐渐沉去的夕阳，不觉间一日都已过去，庭院中是初开的石榴花，那花本来就灼如红火，这下在夕阳的照射下更显得灼人眼睛，似乎是焚了一树的火树，无端地夹杂着我略显浮躁的心情，格外的刺眼分明。我身上有些凉凉的寒意，我扶着窗棂，不禁默默地叹了一口气，王公子，我该如何是好？

然而事情并没有就此停息。

第二日一早，沈大人便一早就出现在了蕙兰居内，果然，该来的还是要来。

我正在画一幅兰花图，慕薇姐慌张地走进来："兰儿，沈大人来了。"

"慕薇姐，今日你怎么糊涂了？我从昨日起已经说要闭门谢客了。"我并没有停下手中的毛笔，画笔一勾，兰花高洁优雅的形象便立刻显现出来。

"兰儿，今日好像有所不同，沈大人带了宫中的两名侍卫，说是钦差大臣魏大人要传话与你。"果然，该来的还是来了，我的笔锋略微一停顿。

"哼，狐假虎威，慕薇姐，你告诉他们，说我不舒服，帮我回绝了吧。"我又继续画起来，心道：又是一个拿权势来欺压百姓的狗官。

"兰儿，今日你不能再使性子了，民不与官斗，这钦差大臣我们终究是得罪不起的，还是去见见吧。"慕薇姐一脸的焦虑，若我不去，这次一定会牵扯到蕙兰居的一众姐妹，慕薇姐待我恩重如山，此时连她都发话了，我还有什么理由能拒绝呢？

"好吧，慕薇姐，我稍后便去。"我放下手里的毛笔，轻轻地叹了一口气。

兰心厅内，沈大人正坐在高座上静候着我，一见我来便上下打量我，露出奸邪的笑声，我一阵厌恶。

"沈大人，何故大笑啊？"

"哈哈哈，湘兰姑娘，我今日来是向你道喜的。"说着，还装腔作势地朝我作了一个揖。

"道喜？我何喜之有啊？我看道喜的人应该是我吧，据说沈大人深得钦差大人的欢心，不久便要去京城做官了，我应该向大人道喜。"好一个狗官，我在心里大骂一声。

"哈哈哈，不错不错，我跟钦差大人去做官，你跟钦差大人去享福，我们同喜同喜啊。"

我的心里一阵慌乱，什么叫我跟着钦差大人去享福？

"你胡说！"我心里一股怒气直腾腾地升起来。

"我胡说？哈哈哈……"沈大人一阵冷笑，"不瞒湘兰姑娘，我今日便是奉了钦差大人的口令来传话的，马湘兰，你就是眼界再高，总不能连钦差大人也不放在眼里吧？马湘兰，请吧，钦差大人已经派马车来接你了。"

这赤裸裸的明抢，我一阵冷笑："沈大人，光天化日之下，你还敢抢人不成？"

"马湘兰，请——"他冷笑一声，两个壮汉便一下子扑上来要拉我。

"你们这是要干什么？还有王法吗？光天化日之下居然敢抢人！"我竭尽全力撕扯着，既委屈又不甘心。

"住手！都给我住手！"忽然一声怒吼传来，撕扯中的两个壮汉下意识地松开了手，我抬头一看，是王稚登王公子。

"公子……"我轻声一唤，跑到他的身后去。

"你们假借钦差之名，难道不怕杀头吗？"王公子一脸正气，沈大人的脸上有些惊慌，或许沈大人也知道自己干的是什么见不得光的勾当，说话的语气瞬间弱下来。

"原来是王公子，我当是谁呢，若王公子不信，可自己去问钦差大人，我等也不过是奉旨办事罢了，令尊礼部侍郎王大人近来身体可安好啊？"沈大人话锋一转。我才知道，原来王公子的父亲是礼部侍郎王大人，怪不得上次逐妓令的事情那么容易就被他给解决了。

"哼！沈大人，你别用钦差的名分来压我，你回去告诉钦差大人，他要想见湘兰，先要过我这一关，你休要啰唆，还不快滚！"这是我第一次看见王公子生气的样子，听他这么一说，沈大人果真夹着尾巴灰溜溜走了。

"好好，我先告退，你们就等着吧！"他哼了一声，转身便消失在拐角处。

"王公子，我真害怕。"他们一走，我一下子扑到王公子的怀里，王公子一言不发，画梁下垂着几个镀银的香球悬，镂刻着繁丽花纹，金辉银硕，喷香吐麓，袅袅的香愠回荡在整个堂房之内，窗外簌簌的风声清晰入耳。

"湘兰莫怕，有我呢。"良久，他才说了这么一句。或许他不知道，这一句给了我怎样的力量与勇气。"若他还是不放过你，兰儿，我带你走吧，天涯海角难道还没有让我们容身的地方？"

他的目光凝在我的脸上，他的双手紧紧地握住我，我觉得有些眩晕，身子微微有些发烫，有时候幸福的味道让人无法用语言来表达。

适夜，有了王公子这样的许诺，整个人安定了不少，连日来的寝食难安顿时烟消云散，一挨枕头便昏昏沉沉地睡了过去。迷迷糊糊之间，我仿佛听见有人在呼喊我，似乎是一个男人的名字，我觉得身上的被子被微风吹得有些凉飕飕的，外面仿佛是下雨了，还掺杂着些轰隆隆的雷声，有些山雨欲来风满楼的狂风大作之势，树叶被敲打得噼里啪啦的声声作响，马湘兰！马湘兰！恍惚间我猛然的听见声音愈来愈近，而声音有些尖细又有些耳熟，我隐隐地看见一个男子向我的窗前缓步移来，身着官服，头戴一个方巾，连两道浓浓的眉毛也泛起柔柔的涟漪，这……这不是钦差大人魏保！

他的影子不断地在我的床前摇晃，呜咽而凄厉："马湘兰，我一定会得到你的，我一定会得到你的！"他不停地重复着一句话，声音回荡在整个房间，我身上涔涔地冒起冷汗，钦差魏保！

"马湘兰，你真是太天真了，你以为你能逃得了我的手掌心？你以为有王稚登保护你就安全了，哈哈哈哈，你终究是我的！"他肆意地发笑，笑声伴随着我内心无法言语的恐怖迅速地在整个房间里面蔓延，"马湘兰，你是我的！"

他又向我前进，还作势要撩开蚊帐，我吓得头皮一阵阵的发麻，胡乱地摸索了一把，一下子摸到了手边鎏金的瓷枕，我用尽全力猛地一把抓起，掀开帘帐用力地向黑影砸去。

"魏保，你就死了这份心吧，我马湘兰就是死也不会嫁与你的！"我大口喘着粗气厉声喝道。

我一下子惊醒，模糊间听见门被打开的声音，原来是梦魇一场，慌乱中有人快速的冲进来，手忙脚乱的点燃了一盏蜡烛："小姐，小姐，你怎么了。"

是佩儿，我睁开眼睛，看着微微的烛光，额头上豆大的汗珠在不停地往下掉，手腕上的银镯叮叮当当，仿佛只有这个在提醒我那只是一个梦魇，我还尚在人世，我颤颤巍巍地发抖，地上满是一片狼藉。

"梦魇而已，我梦见魏大人了。"我微微平了一口气道。

风声淅淅沥沥的传入我的耳朵里，我犹自惊魂未定，身体蜷缩成一团，呼吸有些急促。似乎已经是度过了一劫，王公子已经允诺我若魏保继续纠缠我，便带我浪迹天涯，多么美好的誓言，可是我的心里却仍旧发烦且不安稳。

第三节　初露心迹

万历二年，我已二十六岁。

午后，别院异常寂静，花开花落自有声，是浮生里难得的静好，我素日里爱饮酒，再加上之前的愁绪，为了定神，今日便让佩儿拿出我之前酿造的"梨花白"小酌几杯，"梨花白"是我用去年的梨花酿造的，埋在梨树旁的青瓮下，不觉间一年已经过去了，我拿起酒杯低头嗅了一下，一股梨花的幽香伴随着阵阵的酒香一下子扑鼻而来，着实应景。

几杯小酒下肚之后，两颊已经微红，再加上喝得急，酒的后劲便一下子上来了，我慵懒地一转身，闭目养神。

忽然听见外面有清浅的脚步声，是那样的熟悉，不用猜我便知是谁，还有谁能如此轻松地在我的别院中长驱直入？忽然心生一计，想逗他一下，便假寐装作自己已经睡着，看他如何。

清风徐来，几片花瓣簌簌地飘落下来，一片花瓣落在了我的睫毛上，我听见他"咦"了一声，便觉得眉心之间有唇齿的气息，一时间落英缤纷。

我觉得很痒，不禁一下子大笑起来。

"痒，稚登……"我再也忍不住，睁开眼睛轻声地笑起来。

王公子也满脸的笑意，用手轻刮我的鼻子。

"早就知道你爱装睡，眼睫毛还一个劲儿地打着颤儿，哪有这样睡觉的？"

说完便坐下，端起我的酒杯一饮而尽，忽然看见我桌子上的古琴，说："湘兰，你为我弹奏首曲子吧。"

我走到古琴边，略微静了静心神，想起这几日所遭遇的惊恐，便信手弹起《秦淮魂》来。

三山明丽秦淮浑，弱兰一株无根生，梦中月明留泪痕，朝露浸衣恨思春。

我欲归去乘无风，雨骤雷急泥潭深，不问天公何日老，但求人间留芳魂。

或许，这一首《秦淮魂》早已唱出了我的一生。我的眼泪在眼眶中打转，想起昨夜的梦魇，那种内心的惊悚感仿佛被一枚细针锐利地给挑破了，手指轻轻一抖，调子便乱了。

风乍起，花朵簌簌如雨，我看着王公子表情也是一脸的凝重，忽觉得有些不妥，这大好的时节，弹唱这样悲伤的曲子，便淡然的一笑："王公子，我换一首弹吧。"

"兰儿，不要弹了，你的心意我都懂，兰儿，你跟我来。"说完便拉着我的手到院子中去，此时风露清绵，微风吹拂着我散开的长发，像是纷飞在花间的蝴蝶，王公子的手牵着我，一路向外走，我不知道他要带我去哪里，也不知道他要做什么，但我喜欢这样的感觉，被他牵着被他带去一个地方，微风卷着我轻薄的袖子拂在我的腕骨上，若有似无的轻。

他拉着我在一口古井前停下，我不知道他要做些什么，之间他不知什么时候，从袖口中掏出两把锁，一下子锁在井边的铁链子上。

"兰儿，你我的心就像这两把铜锁，锁在一起，永远不分离。"他真诚的眼神里充满着柔情蜜意，"兰儿，你信吗？"

"王郎，我信我信。"我心潮澎湃，他一弯腰把我抱在怀中，眼中的惊喜是我所从未见过的。

"兰儿，我心意已决，明早五更，我派人去幽兰馆接你，我要带你远走高飞。"他的眼中闪耀着奇异的光芒，低垂臻首，瞥见树荫下我俩依偎在一起的身影，心如海棠花般胭脂的红，轻轻地"嗯"了一声。

王公子走后，我又来到了深井旁，用手抚摸着那两个紧锁在一起的铜锁，满脸笑意，满是甜蜜。我的脑海里浮现出我与王公子椒房恩爱的场景，脸不禁一阵泛红。一个女子还能有什么幸福之事，最幸福的莫过于凤冠霞服，风风光光嫁与心爱之人，我低头莞尔一笑。

忽然墙上有些动静，我抬起头来，大呼一声"谁？"，只见一个男子轻盈的从围墙上跳下来。

"小姐莫怕，是我。"我仔细一看，是秦灯儿。

"秦灯儿，怎么又是你？你怎么可以擅自闯入我的别院？"我见是他不禁有些恼怒，说话的语气也有些严肃。

"小姐莫气，我听闻了魏保胁迫姑娘之事，应该早做些打算才是。"我听他提起这件事，又想起明日五更之约，心下不禁紧张起来，虽然他上次救过我，可当下时节还是要保持警惕为好。

"那依你之见有何办法呢？"我反问一句，一来想看看他有什么方法，而来也可试探他说这个的意图。

"三十六计走为上计啊。"秦灯儿答道。

"去哪里呢？"

"湘兰小姐，我虽然在金陵做些小买卖，可是我的老家却在太湖边上的一个小渔村里，那里离金陵千万里路，魏保到时鞭长莫及，想来也不能拿湘兰小姐怎样的。"听完这些话，我才知道，我冤枉他了，他真心地为我，我却……一念及此，不禁有些惭愧。

"秦公子，你费心了，我刚才错怪你了，只是……"想起王公子的明日之约，我不禁有些欣慰，"只是，我已经有了打算。"

"那就好，湘兰姑娘，既然你已经有了打算，那是最好的，但凡是能用得到我秦灯儿的地方，只要言语一声就好，我定为姑娘上刀山下火海在所不辞。"

而我似乎并不能多说些什么，亦不能再多做些什么，我的心已属王公子，所有的一切我都只有装傻，种种用心让我感动却不能心动。我别过头，对着满院的兰花微笑，到底是不相干的两个人，秦灯儿这样待我，这样的自制与了然，倒叫我有些惺惺相惜，只是我知道，此刻的我，脑海中只有

第二章 秦淮河畔，莺飞草长，不将颜色媚春阳

067

王公子一个人。

　　我抬起头，天空是那样的清澈明亮，或许不用多时，我便要离开这金陵了，想起也不知是忧还是喜，昂首看着天空忽然发现晴空中有一只断了线的风筝，便想起儿时母亲最喜欢风筝。彼时的我还有些记忆，想起幼年的午后，母亲一手牵着我一手拽着风筝线奔跑的样子，是那样的自由与美好，只是，春风拂绿了杨柳一年又一年，孩提悠然而快乐的时光伴随着家中的变故，早已在指尖溜走，是以怎样的速度在飞奔着？所有的一切让我惶恐不安。似乎只是娘亲放了一场风筝，我在院子里用凤仙花偷偷地染红了指甲，在慕薇姐的眼皮下偷偷地打了一个盹儿，我和雪娇藏在葡萄架下偷偷地听牛郎织女讲了几次悄悄话，那些无忧无虑的日子便这样悄无声息的一溜烟跑过去了，几乎未曾与我商量下。

　　秦灯儿走后，我一个人坐在这里，体会着我在金陵的最后一日，细柳倾斜，随风挑动着无澜的湖面。淡淡又几点的雪白飞絮，一株碧桃花正开得如火如荼，倒影在池边，更显得风姿绰约。春光是如此的醉人，可是谁又能体味到这动人春光里的惊心动魄？

　　"姐姐，你在这里呢？"忽然听到雪娇的声音，许久未见她，她愈发有灵气了。

　　"雪娇妹妹，你来了。"我起身握住她的手，许久未见，不免说些体己的话，微风四面吹来，我觉得有些伤感，不知道这样与姐们促膝把酒言欢的日子还剩下多少。

　　"姐姐，魏保的事情我已知，你有什么对策没？"

　　"雪娇妹妹，你过来。"我拉过她，在她的耳朵旁低语了一会儿。

　　"这……姐姐，这是真的吗？"雪娇的脸上又惊又喜。

　　"真的。"我轻轻地叹息。微风一吹，花瓣又簌簌地飘落下来。原来这花开之日，亦是花落之时，花开花落，也不过是花神春风无意的照拂罢了。

第四节　静女其姝，俟我于城隅

幽兰馆的夜是极其静谧的，慢慢的夜色中，我的心变得异常的焦灼。

这一夜，雪娇在幽兰馆内陪着我，我们像从前的日子一样，静静地坐在烛灯下，聊很多很多永远也聊不完的话题。夜风徐徐吹来，带着些桂花的香气，整个夜晚都被熏出了些淡淡的诗意。

"姐姐，听你这样一说，这王公子对你情深意重，妹妹真是为之感动啊。"在听完了我与王公子的故事之后，雪娇感叹起来。

"是啊，上次朱孝廉的事情，就是王公子为我解围，这次说又要带我离开，我着实……"我的脸一阵臊红，发现雪娇的脸色有些伤感，便住了口，"妹妹，有朝一日也会有这样一位男子对妹妹好的，妹妹放心。"我拉着雪娇的手。

"姐姐，我想必是没有你那么好的福气了，我自幼在青楼长成，才学与相貌都比不上姐姐……"她摇头叹息。

"雪娇妹妹善解人意，我要是男子，一定会喜欢妹妹的。你看，妹妹这双灵气的眼睛，我可比不上，还有这双绣花的巧手，南京第一，谁能逼得上……"她被我这么一说，倒是有些不好意思了。

"姐姐又取笑我了……只是，不知我与姐姐这一别什么时候才能再度相见……"她说起这些不禁呜咽起来，是啊，若此去我跟王公子浪迹天涯了，何时才能再回到这繁华的金陵？

想起这些，我便有些伤感，俩人拥抱在一起，房间里呜咽声四起，我真的好怕这一别竟再也无法见到雪娇妹妹，毕竟我从七岁开始便生活在这里，慕薇姐待我如亲生女儿，雪娇待我如自家姐妹，可是，想起我现在的处境，想起魏保那张阴森而让人恐惧的面庞，我的心里一阵绞痛，若不是他，我又何苦要浪迹天涯，离开至亲的人？

"好了，好了，都是妹妹不好，是我惹得姐姐伤心了，姐姐是去追寻自己的幸福去了，你说我这是在做什么……怨我，怨我。"雪娇拿出手帕，为我擦拭掉眼角上的泪痕，"姐姐，你的房间里这香味好清新。"她有意岔开话题，好让我们不再那么悲伤。

是院子里的兰花香气，显得清幽而淡雅，你若大口呼吸时，还会尝到空气中丝丝的甜味，让人顿觉神清气爽，夏日的烦躁感一扫而光；若是严冬时节，在火炉的炙烤下，房间里面暖暖的，温热的气息中带着一股清香扑面而来，整个人浑身都会觉得酥酥的温馨，甚是美好。

"以后我也得跟湘兰姐姐学习一下，这种清香比我常焚的任何香要好闻……"我和雪娇就这样有一搭没一搭地闲聊着，谁也睡不着，我生怕在金陵的最后一夜生生地被睡了过去，心里焦灼而又甜蜜。

午夜，一件单薄的衣裳已经无法抵挡凉意的轻拂，我倒了些桂花酒来御寒，是有多少时间没有这样秉烛夜谈了呢，大概已是很久很久了。一杯桂花酒下肚，那凉的触觉并不叫人觉得冷了，而是伴随着一种淡淡的祥和之气，西窗下的桂子树清甜香气盈盈，无声无息地萦绕在鼻尖，让人觉得迷醉。

我迷迷糊糊间睡着了，梦中是簌簌如雨的梨花，王公子一袭青衣，腰间别着一支玉箫，双锁的承诺，梦中都是盈盈的微笑，伴随着阵阵的感动，眼泪似乎是要掉下来。

四更天时，我便开始起床梳妆，雪娇帮着收拾行装，长夜霜重，微微有些起雾，佩儿为我梳发，外面还是漆黑一片，光辉间星河灿若，在静夜里越发地分明起来，像是在漫天镶满了璀璨而又明媚的水钻，那种光亮让人觉得惊叹不已，只是这深沉的夜色，我唯有静待。

"姐姐，你看今夜的漫天星光璀璨，是为姐姐送行呢。"雪娇故意打趣道。

"又瞎说！"时间就这样一分一秒过去，我已梳妆打扮完毕。怕出行不方便，佩儿为我梳了一个简单的流云髻，简单大方。衣服也已收拾妥当，所有的一切都已安好，万事已经具备，只欠王公子这股东风了。

"梆，梆，梆……"

是外面更夫打更的声音，五更天到了，我被更声吓了一跳，思绪一下子被拉到现实中来，平和的心情一下子焦虑起来，整个人都感到迫人的灼热，只是，五更已到，王公子的身影在哪里？

"湘兰姐姐，这王公子什么时候来？五更已过了……"看着我的表情，雪娇也感觉出了一些不妥，看着我越来越暗淡的眼神，话还是没有说完。

"或许是路上发生了些什么吧……"我还在自欺欺人地自我安慰着守护着自己的梦，生怕梦被打碎。我倚在门槛边，眼睛望着前方，心里十分哀愁，我不愿相信他会这样，他答应来带我走，怎会不履行承诺？让我一人苦等于此？我的心极其不安，稍稍的动静便可触动我敏感而脆弱的神经，听到一丁点的声响，我便立刻起身相迎，却屡屡扑空，哪里有王公子的身影？

不觉间太阳出来了，清晨的第一缕阳光照得我眼睛睁不开，我拿起昨夜剩下的桂花酒一饮而尽，冰凉的酒液划过温热的喉咙时让我整个人冷冽而清醒，想起这些我心中倏然一紧，脚步也略有些呆滞，晨风吹过，身上一阵阵地发凉，胸口也闷得难受，极度的恶心与烦闷之感涌上心头。

"哼，这也有些欺人太甚了！"雪娇终究还是忍不住了，拿起酒壶一下子摔在地上，酒水与碎渣儿撒了一地。

"走，姐姐，我们去找他，问问到底是什么情况。"不由分说地便拉着我往王公子的府邸方向走去。

外面艳阳高照，如往常一般，只是我再也没有了当日的心境，天空如一块碧玉，没有一丝云彩，天空永远是那样的安静，而我可能再也不会有当日的心境了。

没走多远，我便看见了当日玩耍的秋千。

"妹妹，慢些。"我再也忍不住，泪水顿如雨下。

秋千仍旧是当日的秋千，只是上面引着的紫藤与杜若早已经没有当日的娇艳，早已经枯萎，剩下的也不过是一支萧瑟的藤蔓，秋千上空荡荡的，我想起当日自己晃着两条双腿在秋千上荡来荡去的场景，那时绿意盎然，而此时，所有的一切都是那样的萧瑟，秋千也慢慢生出了些腐朽之意，似乎是很久已经没有人坐在上面了，不远处那株极尽艳美的兰花早已无影无踪，一瞬间我有些出神，仿佛还是从前的那些日子，我一转头，便能看见王公子温润如玉的微笑，所有的一切我避之不及，只能等待。

"姐姐，你莫着急，我们一定要问清楚。"雪娇见我泪水涟涟，便安慰我道。

"妹妹，你不知，这个秋千便是我与王公子初相遇时的那一个啊！"我依稀还记得那日我口中低吟的是司马相如写与卓文君的《凤求凰》，司马相如愿与卓文君私奔又怎样，待卓文君年老时还不是再度纳妾？气得卓文君苦做《白头吟》，而王公子连带我离开的勇气都没有。想起这些，我不禁也忍住了悲戚。

或许一切都是天意，我又何苦要继续挣扎？心中纵然有巨大的苦楚，我也觉得无可奈何了，心中就像是凛冽的刀锋一刀一刀地刮着。我紧紧地咬着下唇："雪娇，我们不去了，回幽兰馆。"

第五节　禁闭蕙兰居

我低下头，浅浅地笑了一笑，有些终究是不属于我的，奈何再去强求。

> 皑如山上雪，皎若云间月。
>
> 闻君有两意，故来相决绝。
>
> 今日斗酒会，明旦沟水头。
>
> 躞蹀御沟上，沟水东西流。
>
> 凄凄复凄凄，嫁娶不须啼。
>
> 愿得一心人，白首不相离。
>
> 竹竿何袅袅，鱼尾何簁簁。
>
> 男儿重意气，何用钱刀为。

我轻吟了一首《白头吟》，眼泪再度流出来，我忽然发现自己曾经的幼稚，"愿得一人心，白首不相离"，多么美好的画面，我兀自地笑了笑，我们终于还是输给了现实，清濛的细雨如冰凉的泪。

"姐姐，我们就白白地让那个王公子骗了去？还有，姐姐，那魏保得不到姐姐，必不会死心的，就这样回去，可如何是好？"她的声音有些焦急与酸涩。

"算了吧，王公子既然做了这样的决定，自然有他的原因，勉强也换不来什么。"

"唉……"雪娇这一声叹息，是有怎样的无奈，我不得而知。

我与雪娇转身正欲离去之际，忽然一下子冒出三五个彪形大汉，面目狰狞，蛮横地拉着我往一辆马车里放。我心下一惊，脑袋一片空白，难道是魏保？这光天化日之下，居然明目张胆地抢人，还有没有王法？我大声哭喊起来，忽然一双强有力的大手一下子捂住我的嘴巴，我的眼皮渐渐下沉，大脑逐渐失去了意识，在眼睛闭上之前，隐约只听见雪娇尖锐的哭泣声——"放了湘兰姐姐……放了湘兰姐姐……"

然后我便失去了意识。

待我醒来时，发现自己躺在一个厢房里，门窗紧闭，我一推门，从门缝中看见左右两个侍卫，或许这便是大名鼎鼎的钦差府了，我却异常平静，心如死灰，还有什么能再来伤害我？

这几日天气愈发寒冷，想来外面的百花也早已凋残了，我的心竟变得异常坚强，丝毫没有恐惧感，房间的左侧燃着一支蜡烛，看着微弱的烛光，我想起那日与王公子共剪西窗烛的情形，此时的我身陷困境，却仍旧念念不忘王公子，这也让人觉得有些讽刺吧。

红烛？我脑海里忽然灵光一闪，想起那日秦灯儿火烧钦差府的情形来，我马湘兰宁可死也不能白白便宜了那浑身铜臭的钦差，想起那张阴寒的脸，我也不知哪里来的勇气，一下子把灯笼歪倒，大火顺着帘子一下子烧起来，顷刻之间烟雾四起。

"来人啊，着火了！着火了！"大火刚烧起来没一会儿，门口的俩侍卫便察觉了出来，一下子打开房门，争相的泼水救火，我冷冷地看着这一切，一言不发，心里恨不得一下子把这钦差府给烧得精光。

忙活了大半天，火势还是被扑灭了，我脸上有些悻悻的不甘。

"都给我仔细看着，老爷还没回来，这疯婆子厉害得很，都给我看紧了。"说话的人若我没猜错应该是钦差府的大管家，真是有什么样的主子就有什么样的下人，此人额头偏窄，眼睛异常的小，给人贼眉鼠眼之感。

"湘兰小姐，我劝你放聪明一些，不要再自作聪明了，我家老爷想得到的东西从没有得不到的，与其费尽心思，不如好好等待着我家老爷归来。"

"哼，"我火气一下子升起来，"强盗！无耻！呸！"口水一下子吐到大管家的脸上。

"你……你……你就等着吧！"说完留下一个凶恶的眼神。

房间里异常的黑暗，我端坐在房间的中间，心像是在被极细极薄的锐利刀锋慢慢地划过，起先并没有觉得有多痛，而不久之后，当鲜血汩汩地涌出时，才感到剧烈的疼痛。

"怎么不给湘兰姑娘掌灯啊？"外面声音传来，是魏保。

"大人，这马湘兰差点把咱们的府衙给烧了，小的这才把她关在这里的。"

我身体警觉的细胞像是忽然间全部被打开，整个人如一头敏感而警觉的小兽，双手因为厌恶与恐惧而紧紧地抓住衣角。"吱呀"一声，门开了。

魏保手里拿着一盏灯笼，红光映照在他那张猥琐而又贪婪的脸上，我下意识地后退了几步。

"湘兰姑娘，不要害怕……"他的声音异常尖细。

"你这个强盗，禽兽！"听我这么一说，他的脸色有些微微变化，但转眼间又露出狡黠的微笑。

"姑娘这又是何必呢？跟我去京城享福，做我的小妾有何不好？我义父魏大人现在是皇上面前的红人，只要你轻轻点个头，这荣华富贵金银财宝一下子就来了，别说盖一所幽兰馆，十所都行，湘兰姑娘觉得呢？"听他说这些，我的心里有种说不出的厌烦感。

借着微弱的烛光，我才看清楚这个房间的布局，我的身后有一个博古架，上面摆满了一些瓷器，我心生一计。

"魏大人开出的条件果然诱人，容我仔细想一想好不好？"我瞬间转变态度，强压住内心的愤怒，魏保见我这样态度一转，不禁喜上眉梢。

"好好好，湘兰姑娘你慢慢想，但今夜这花好月圆夜，岂能白白错失这样与佳人共度良辰美景的好时光，湘兰姑娘……"他嘴角挂着一抹淫笑，一步步向我走近。

　　我的心提到了嗓子眼儿，但还是强颜欢笑，心里在计算着他与我之间的距离，待他走到我面前，我猛地拿起身后的瓷器，朝着他的脑袋用力地砸下去。

　　只听得他"哎呀"一声，他的脑袋瞬间鲜血如注。

　　"救命啊，救命啊。"他果然是个贪生怕死之徒，我没看错。一时间，无数的灯笼涌进来，房间变得灯火通明。

　　"大人，你怎么了？没事吧？没事吧？"带头说话的是他的大管家。

　　"给我把这个马湘兰禁闭到蕙兰居！"魏保像是用尽了最后一丝气力，大声叫喊起来。他双手捂着脑袋，嘴唇哆哆嗦嗦。

　　"是，大人。"几个彪形大汉扶起我，一把把我拖了出去，然后，我便没有了知觉。

　　等清醒过来的时候，才发现天已经大亮，我只觉得干渴得要命，我摸索着想要去喝水，努力地睁开眼睛，却觉得眼中有些酸酸的迷蒙，周遭全是白蒙蒙的影子，在我的眼前晃来晃去，像是铺上了一层白茫茫的雾气。过了好久我才发现，自己原来在蕙兰居。

　　"小姐，你醒了？"是佩儿的声音。

　　"水……"我微微张开嘴。

　　"来了，来了……"是雪娇的声音。

　　我端起水杯，大口大口地喝起来，待我喝完，昨夜的事情才隐隐约约地在脑海中显现出来，魏保的府邸，我用瓷器保护自己，漆黑的夜色……

　　"唉，也不知道湘兰姐姐这是遭的什么罪。"雪娇轻叹了口气，我的眼前慢慢地恢复光亮，才看清楚原来我在蕙兰居的兰心室。

　　"妹妹……"话一出口，泪水便自顾自地往下流。我看着窗帷垂着，一个巨大的布帘把整个窗帷几乎要遮挡住，阳光一点都透不进来，只是在窗帷与布帘的叠合处露出一线间，微微的晨光便顺着这个缝隙照射进来。

　　"姐姐，昨儿个半夜，忽听得咱们蕙兰居的大门被敲得震天响，一开门便发现你躺在门口，着实吓坏了我们。这不，现在整个蕙兰居被一圈又一圈的官兵围得水泄不通，慕薇姐急得一口大气没上来，也生病了。"雪娇边说眼泪边流了出来。

"妹妹，我对不起你们……"我把昨夜的事情详细地讲与雪娇妹妹，讲到我拿起瓷器抛向魏保的时候，雪娇神情像是受惊的小鹿一般。

"姐姐，这可如何是好？他为何要把你囚禁在这蕙兰居啊，这是在离间咱们姐妹之间的感情，整个蕙兰居四五十个姑娘，给大家断粮断水，大家便会把怒气发泄到你的身上，魏保这一招够狠。"

我不再说话，默默地看着房间里的一切。房间里静悄悄的，案几上燃了一夜的蜡烛已经残了，深红色的烛泪一滴滴地凝在案几上，似乎是在唱一首挽歌，又似久别女子的红泪栏杆，欲落不落地凝在那里，欲滴未滴。

第三章

秦淮河畔，莺飞草长，不将颜色媚春阳

第四章

老友新客，送李迎张，蝶恋花怨断人肠

湖山如画，系孤篷柳岸，莺惊鱼鸟。料峭春寒花未遍，先共疏梅索笑。一梦三年，松风依旧，萝夕何曾老。邻家相问，这回真个归到。绿鬓新点吴霜，尊前强健，似我粗豪，不怕家翁骂。赖有风流车马客，来觅香云花岛。奔名逐利，乱帆谁在天表。不通姓字，只有银瓶倒。

第一节　九千岁索画

没几日秦淮河畔便下起了迷蒙的小雪，蕙兰居内阴阴欲雪，我站在窗外，风刮在脸上像是刀割一般的疼。

佩儿赶紧起身关了窗户，可是依旧是冷。佩儿烧了一个小小的火盆，可是火盆的热量几乎无法抵御整个身体的寒冷，加上魏保封了整个蕙兰居，想来整个蕙兰居也撑不了多久了，果然，姐妹们怨声载道，言语微词间多有对我的一些不满，只有雪娇是真心维护我的，常常为我说话，我亦无奈。

或许是身体受了惊吓的缘故，额头上有些发热，佩儿和雪娇就着火盆围坐在一起，能盖的衣裳全部盖在了我的身上，可是我却仍觉得有些发冷。整个身体都在瑟瑟发抖，心里像是有一块巨大的冰，可是身上却觉得燥热难当。

隐约间似乎听见雪娇在哭泣，我想抬起手，却发现自己力不从心，我半眯着眼睛，看着窗外漫天的大雪，我隐约感觉到雪娇和佩儿的手在我的额头上冰着，很舒服。我迷糊间看着窗外簌簌的大雪，飘飘洒洒一般，才没几日，终究已是大雪纷飞，我透过薄薄的窗纸，看着窗外雪花漫天飞舞，似乎连同这个世界都被卷得苍茫了。

雪娇的哭声仍旧在继续着，我的脑袋嗡嗡作响，好似有千万的马奔腾而过，身体燥热难耐，犹如在烈日下炙烤一般，我觉得体内有无数的小火球在滚来滚去，舌头也饥渴难耐，我用力地撕扯着自己身上的衣服，没多久我便失去了意识。

等清醒过来的时候，窗外的雪早已停了，只是身上还是不舒服，我像是在鬼门关里走了一圈。佩儿见我醒来，立马大哭起来："小姐，你可醒了，吓死我了。"

我微微一笑，嘴角异常干涩。

"水……"

佩儿见我要喝水，便起身去拿，不一会儿雪娇也进来了。

"谢谢菩萨保佑，姐姐你终于醒过来了，你这一睡也睡了三天三夜啊，我和佩儿吓得魂不守舍，现在可好了，这蕙兰居也解禁了，兰儿姐姐也好了，谢天谢地。"她双手合十，虔诚地跪拜起来。

"雪娇妹妹，你说什么？什么蕙兰居解禁了？"我有些疑惑，这魏保会这么白白放过我？

"姐姐，这次真是化险为夷，昨日九千岁也来到了咱们秦淮河，听说了这件事情后，便解禁了咱们蕙兰居，说等姐姐身体好了之后，要姐姐画兰花给他，这次真是多亏了九千岁啊。"雪娇的脸上有些浅浅的笑意。

"九千岁？魏忠贤？他怎会救我？我与他素未谋面，他怎会那么好心帮我？"

"这我就不知了，听闻这九千岁喜欢收藏书画，而姐姐又是书画造诣极高的，九千岁要收藏你的书画，这也不是没有可能的事情。"雪娇分析道。

"哼，现在朝野民不聊生，都是这个大太监专权造成的，他能有那么好心的帮我？"想起关于魏忠贤的种种传闻，我的心里有些疑惑。

"姐姐管它这么多，他现在只是想索要姐姐的一幅画而已，总之现在咱们都安全了，姐姐好生养病，改日为他画一幅便是。"雪娇脸上总是带着一种微笑，似乎有些劫后余生的喜悦之感。

"对了，雪娇，你什么时候变成善男信女了？刚才见你拜佛的虔诚样子，真像一个女菩萨。"

"姐姐这身体一好就开始取笑我，姐姐不知，从姐姐被魏保掳走的那一日开始，我便向菩萨祈求，若姐姐能够平安无事，我便要做一个佛门的女子，戒荤吃素，为姐姐祈福。"说完这些，雪娇微微低下了头。

"妹妹，难为你了……"我的眼泪一下子涌了出来。我怎能不感动？

我是知道雪娇的，她那样爱食肉的人，竟愿意为了我祈福而吃素。

过了几日，身体渐渐好起来，便自己出来看看。一走进院子才发现，院子里的绿梅都开了。想起幽兰馆的百花，想必也早就凋谢了。绿梅的花瓣是极淡的，此时正是梅花的盛开季节，满园的绿梅含苞待放，仔细看去绿色的花瓣好似碧珠罗绮，翡翠皮光，抬起头来看着微弱的阳光，在碧罗的映衬下，似乎连阳光的照射都有了些轻薄透明的绿玉花光，这满园的绿梅在寒冬中，却极尽不似春光而胜似春光的美态。

魏保的事情也算是告了一段落，我的心里稍稍放松了些，只是……我又想起王公子来，从那日五更之约之后，我便再也没有见过他，想起他我的心不禁隐隐作痛。

"小姐，慕薇姐到处找你呢，说九千岁派了人来，命你七天之内画幅兰花给他。"佩儿的出现打断了我的思绪，果不其然，新的麻烦又要来了。

"嗯，好的，你去回了慕薇姐，说我一会儿便回去。"我在思索着难道我真的要为一个大太监作画，并且还是为一个被百姓所唾骂的大奸臣作画？

回到兰心堂的时候，只见两个穿着军服模样的兵士已经在等候，慕薇姐站在一旁，脸上有些不安。

"马湘兰拜见两位大人。"我礼貌性地行了礼。

"马湘兰马姑娘果然名不虚传，今日一见，令我等大开眼界，这秦淮第一艳的名头当真实至名归啊。"

"两位大人客气了。"我微微一笑，这么多年我早已学会了如何在别人的虚情假意中过活，并且不露声色，我早已不再是当年的那个天真的小姑娘。

"言归正传咱们，今日我俩是奉九千岁之命，特意来转告湘兰姑娘的，九千岁爱惜人才，想收藏湘兰小姐的画作，素闻湘兰小姐画的兰花清谷悠扬，灵动极致，九千岁大人说七日之内让我们来取，湘兰小姐可有何异议啊？"其中一个微胖的兵士一口气说了这么多，这哪里是商量，明明是命令，但是我却不好发作，脸上没有一丝表情。

"哎呀，大人这是说的哪里话，这次多亏了九千岁为我们湘兰解围，别说画一幅画，就是十幅都没有问题啊。"慕薇姐出来解围，她看出了我脸上的不悦之色。

"有慕薇小姐这一句话我就放心了，七日之后，我来替大人取。先告辞了。"边说边用眼睛瞥了下慕薇姐一眼，我不禁有些厌恶。

待两位大人刚走，慕薇姐便拉住我的手，神情有些严肃。

"兰儿，这次你可不能再耍小性子了，这九千岁是万万得罪不得的，连当今的圣上都要敬他三分，若得罪了他，那定是满门抄斩的死罪。"我从来没有见过慕薇姐这样说过话。

"可是，慕薇姐，你要知道，这魏忠贤是大奸臣，太监专权当道，结党营私，网罗党羽，排除异己，弄得民不聊生，有多少忠廉之士死于他之手？我们若只是为了一味讨好他，岂不为天下人所耻笑？"我愤愤不平道。

"那是男人们的事情，总之这次是不准再出任何的差错了。"说完慕薇姐便走了出去，留下独自出神的我怔在原地。

第二节　湘兰戏耍九千岁

天气还是冷得出奇，我拥背而坐，闷闷地发呆，竟然没有感觉到时光的流逝。我不愿为奸臣作画，就这样坐着，从清晨到日落，竟然毫无察觉，我的脑袋在飞快地思索着如何应对。

我向来心性极高，本不会心甘情愿为一个扰乱朝纲的太监作画，却担心再次落入虎口。想起慕薇姐严肃的表情，终究还是不敢一意孤行的，于是心里烦闷至极。旁边是慕薇姐为我备下的纸笔，纸张是香草笺，上面盖满了清浅的蓝色花纹，虽然隔着很远，但是我还是能隐隐地闻见甘甜的香味。

蕙兰居外梅花散发着幽幽的香气，一抹斜阳挂在天边，"疏影横斜水清浅，暗香浮动月黄昏"也不过如此吧，只是那凌乱的梅枝修顾映在窗纸上，像极了我此刻迷茫而又纷乱的心，于是便索性出去走走。

外面还是极冷的，我披了一件狐狸毛的披风，大病初愈我倒是很久没有这样在外面奔走了，大街上人也极少的，以前的时候，总是佩儿出来为我买些胭脂水粉，今日想来，似乎胭脂水粉也快用光，于是走进了一家水粉店铺。

"姑娘来了啊，许久未见姑娘了，我还特意为姑娘留了一些鸭蛋粉和谢馥春的水粉，香气馥郁，一打开便可闻见，姑娘这样的美人，用起来定然是极好的。"店铺的老板说着，转过身子去，拿出一小包粉儿递给我。

"谢谢老板了，多少银两？"老板待人极好，每次我来买水粉都是客客气气的，老板有个三岁的小女儿，梳着两个羊角辫子，小脸红扑扑的，极是可爱。

"给我五个铜板就好。"老板转手间抱起女儿，一边收银子一边逗女儿玩，"哎呀，都这么大了还尿床？！"忽然水粉店的老板像是发现了什么，大喊一声，原来是女儿尿湿了衣裙。

尿！香粉！我的脑袋心生一计，豁然开朗，也顾不得跟老板告别，便一路往蕙兰居的方向跑。

回到蕙兰居时，见佩儿手里拿着刚摘来的几枝绿梅，正开得极盛。

"佩儿，研磨，我要画兰花。"

"小姐是要为九千岁作画吗？"佩儿见我突然跑回来，一脸的疑惑，但还是放下了手中的瓷器与绿梅，为我研磨起来。

"佩儿你过来，"我一口气把自己的计策告诉佩儿，只见她微微一怔，脸上露出些惊恐之色。

"小姐，这要是被发现了可是死罪啊！"佩儿满脸的担忧。

"他不会发现的，魏忠贤是阉人，最忌讳别人说骚气这俩字，待他慢慢熟悉了之后，就会一直悬挂着，没有人会怀疑这幅画的。"我脸上一副胸有成竹的表情，"佩儿，你知道，我自视清高，又怎会心甘情愿为这个大奸臣画兰花，况且他也不是真心爱兰，不过是附庸风雅罢了。"

"那便依照小姐的说法来做吧。"佩儿叹了口气，脸上满是惶恐之色。

我打开谢馥春的香粉，果然一阵香气扑面而来，令人迷醉。

我把马尿与墨汁掺杂在一起，画了一幅《幽兰图》，待画完的时候，已是浊气熏天，我用谢馥春的香粉扑了一层又一层，直到我满意为止。此时的我看着画中的幽兰，是那样的清丽脱俗，高贵雅致，枝叶缠绵，意境深远，而兰花那临风而立的形态宛若不染凡尘的仙子，再加上我涂的香粉，我想，对付魏忠贤早就够了。

当天，我便派人去送给九千岁，回来的时候听送画的小厮说，九千岁对这幅《幽兰图》极其满意，一看到便开始把玩，片刻不离手，我的嘴角微微一笑，还好，一切都按照我的计划在进行。

时值寒冬腊月，或许是由于重获自由身的缘故，心里竟也微微地松了一口气，我抬头看着窗外，满园的繁华早已落尽，大概这样的时节，只有梅花开得最艳丽了吧？那曾经苍绿的枝叶早已染上了浓重的金黄色，金黄色的叶子也早已寥寥无几，连带着那山石上的青砖都染上了一层暮色，像是一个垂垂老矣的老人，我斜躺在蕙兰居的斜塌上，身上盖了一个披风，眼前却仍旧晃动着一个男子颀长的身姿。

"姐姐午睡呢？"是雪娇的声音。

"没有，不过是午后的小憩一会儿，你怎么来了？"我睁开眼睛，看见雪娇手里拿着些香囊过来。

"好漂亮的香囊啊，可是妹妹绣的？"我拿起一个，看着这个小小的香囊，面料用的是苏锦，上面用金线绣了一朵含苞待放的牡丹花。

"妹妹果然心灵手巧，早知妹妹善用香料，却不知已经到了这种登峰造极的地步。"我仔细一嗅，是百和香的味道，带着些甘洌而清幽的味道，在这寒冬之中，更显得弥足珍贵。

"哪有，比起姐姐香来，我这个是差远了，只是这几日闲下来，我便自己缝制了几个，今日拿来与姐姐挑选。"

"妹妹蕙质兰心，这冬日里放在地炕暖炉上，让这热气一烘，整个房间都是花海的味道。"我之前素来喜闻百和香，没想到今日雪娇为我带来。

"这百和香是珍贵之物，妹妹是从何得来的呢？"百和香并非一般人家能够用到的，只是，这雪娇今日突然送来百和香，着实让我惊讶不小。

"是来蕙兰居的公子之前赠与我的。"她的脸上有些微红。

"小姐，不好了不好了。"佩儿忽然跑进来大叫着。

"怎么了？"我心下一惊，一种不祥的预感涌上心头，上次佩儿这么慌张时，是因为魏保要纳我为妾，而这次……

"小姐，我刚才听外面的小厮说，九千岁得了你画的这个《幽兰图》。犹如得了宝贝，三日之后要举行宴会，召集文人名士去府上，举办一场盛大的赏兰宴会。"佩儿由于惊恐说话有些结结巴巴。

三日之后，谢馥春的脂粉气早已散尽，恐怕九千岁已经熟悉了这个画的味道，但是脂粉气散尽后，马尿的骚气便会尽显，宴席上人多，难保没有人提醒他，这样一来，岂不是要给自己招来杀身之祸？

"湘兰姐姐，这可如何是好？"

我的心里也似乎有千百万的小虫在挠，一时间也没了主意。三日，我只有三日的时间。

第三节　王稚登夜探幽兰馆

那一夜是那样的悠长，我又陷入了辗转反侧的难眠之中。三日，我只有三日可以逃活的机会了。想起这些，我的心便像悬空了一般，或许我真的命该如此吧，我闭上双眼不再说话。

我怅然地叹了一口气，与其辗转反侧，不如起来做些事情。于是起身点了一支红烛，一眼便望见了案几上摆放的古琴，脑海中又想起初次相遇那日，在梨花的花海中，我悠闲地唱着《凤求凰》的样子，彼时的我是那样的天真，或许我这一生都不会再有那样的笑容了。

从第一日见到你的那一刻起，我便沦陷了。

佩儿是懂我的，那一日她也在，看着满天的梨花纷飞，而今日的我正冒着杀头的罪独自一人在孤寂地唱着这首《凤求凰》，她都懂却什么也不说，只是默默地捧了一盏纱灯放在案前，静静地侍立一旁，不发一言，眼神里却全是忧伤。

一轮明月挂在枝头，我停下手指，望着窗外。今日的月亮是如此的圆，细细一想才想起今日是十五来，月亮像一轮银盘一般横亘在天际上，月色这样夺目，周围的星子竟好似一下子被夺走了光辉，这看似圆满的月圆之夜，其实一点都不完美。

彼时风乍起，凉意四起，我用力裹紧了身上的衣服，偶然间我听见夜莺若有若无的鸣啼声划破了这清夜如水的寂寥。

我一下呆住不动，身旁的佩儿缓缓地离开，那熟悉的气息浮在空气中，那是我熟悉的味道，连百和香也遮挡不住。我知道他来了，只是我竟再也没有勇气回过头去。我们就这样僵持着，任时光飞逝。

"兰儿，你还要在这里站多久？"

终于他还是先开口了，我不转身，听着他慢慢地向我靠近，或许是踩了雪的缘故，靴子在地上发出清浅的声响。

"你来了。"我的心是煎熬的疼痛的，但我在转身的时刻留下却留下了一个美好的笑容，哪怕心里再痛也能灿烂地微笑，这便是我这些年练就的本领，百毒不侵。

"对不起。"还未说话，他的口中便吐出这三个字，我的心仿佛被千万只蚂蚁吞噬一般，我等待的又岂是这三个字？王公子，你依然不懂我。

"王公子，你可听过《子夜四时歌》？"我这么一说，他微微地一怔，或许他也不知我在说些什么吧。

"听过，只是……怎么了？"

"《子夜四时歌》里，按照时令季节的不同，划分为春之温情、夏之狂热，在经历了繁荣之后，必然要去经过秋之萧瑟与冬之肃杀的那一日，如果一开始就知道是悲凉的、无情的，便可以不要开始，这便省去了多少的伤痛，不必痴痴等待，也不会有无数的苦恼。"说着这些，我的眼泪开始在眼眶中打转，可是泪水终究还是没有流下来。

他的脸色有些诧异，但很快就明白了我话中的意图与比喻，便道："情至所终，也未必全是悲切，两个人得以长相厮守，天时地利人和都要具备，缺一不可，很多时候很多事情是人力所无法企及与改变的。"说起这些，他的眼帘垂下去，长长的睫毛闪烁着。或许，那夜他真的有难处吧。

我不再看他，凄然一笑，神色犹如这夜色般神秘莫测，屋内一时间静极了，只剩下炭火嗡嗡作响的声音。忽然之间觉得眼睛有些酸涩难忍，或许是烟雾所熏吧，于是我便拿起一个柑橘的果皮一下子扔到炭火中，一股浓郁的清香飘散出来，或许都是我自己臆想出来的吧，这炭火本是极好的银炭，根本不会有烟，这是我给自己寻找的流泪的最好借口。

"有些事情本不应该开始，我却想去强求一个好的善果，王公子应该听说过《白娘子》的故事吧，古时的白蛇历经千年的修炼最终化为人形，她为了寻找一份人间的真情，终日寻觅。那一日，西湖泛舟，终遇到心上人，断桥相遇，纸伞定情，是怎样的婉转恩承？最终结为夫妻的许仙与白素贞却还是要历经磨难，他们不是没有恩爱过，已经身怀六甲的白娘子为爱痴狂，水漫金山寺、苦盗灵芝，而许仙却经不起法海的一丝挑拨，亲手喂白娘子雄黄酒，这终究是一个悲剧，白娘子被压在雷峰塔下，永世不得翻身。这所有的结果，皆因白娘子是个异类。"我讲述着，讲的是别人的故事，又何尝不是自己的故事？

我把异类两个字说得格外的重，对于他而言，我青楼女子的身份又何尝不是一个异类？

心中好似有狂潮般的涌过，一波又一波的激荡着我内心的酸楚。

"兰儿，我从未介意过你青楼女子的身份。"他半晌不开口，还是喃喃地说了这么一句。我苦笑，现在我纵然再度深陷囹圄，也不会再向你伸出救援之手了，有些骄傲，是我作为女子必须要去维护的。

听他说这句，我的心底有些悲凉，如浓重的阴影，挥散不去，纵然灯火再度明暖如斯，只是心底的黑暗永远无法再照亮了。

"其实，兰儿，我今日是来与你道别的。我要去京城做官了……"

我的倔强在那一刻似乎要土崩瓦解，只是我还是忍住了。

良久无言，即使有千言，我还能说些什么呢？他放弃我了，他要离开我了，他要去京城了，怕是从此之后咫尺天涯是路人了吧。

"嗯，那祝你官运亨达。"我惨然一笑。

他走了，就这样悄无声息地走了，像是从未来过一样。

"小姐，你为何要说那些话？你为何不把自己现在的处境告诉王公子？你为何不把自己的思念之情告诉他？如果说出来，一切都可能有转机啊。"是佩儿，我从未见她说过这坚定的话。

王公子一走，我整个人强撑的心思终究还是败了下来，强忍的眼泪竟然像是断了线的珠子般簌簌地往下掉，我终究跟他不是一路人。

我颓然闭上双目，真真叫人烦恼的，是佩儿的话像回声般萦绕在耳旁，挥之不去。有些事终究是我无法去言说的。

第四节　我欲归去乘无风

已是第二日，我还是丝毫没有任何的主意，这次真正到了孤立无援的地步。

整整一日我都在发呆走神，偶尔弹弹琴，我似乎豁然开朗，人生在世，生死有命，既然已经到了绝处，不如索性坦然去对待，这么一想，我的心境竟平和了不少。

前几日慕薇姐派人送过来几只画眉鸟，想必是怕我寂寞，这几只画眉也着实活泼可爱，叽叽喳喳地叫，整个幽兰馆倒也平添了不少热闹。

心境平和了，带着一颗赴死的心，倒也容易睡着，不一会儿便沉沉地进入梦乡，连日来神经高度紧张，这下像是一个紧绷的弦瞬间断掉，好久没有这么安熟地睡一觉了。

忽然，在迷离中听见外面噼里啪啦的一阵乱响，画眉儿像是受惊了一般，叽叽喳喳的声音在夜色中显得格外的突兀与清晰。我睁开眼睛，借着幽幽的月光，伴随着"刺啦"的一声响，薄薄的窗纸被撕破，我看着薄薄的窗纸外站着一只硕大的猫，它的眼睛散发着幽幽的绿光，眼神在寂静的夜色中更显得恐怖而阴森，旁边笼子里的画眉乱作一团，扑棱扑腾地叫着。

它看了一眼惊魂未定的我，发出"喵"的一声呼叫，声音异常的尖锐与刺耳，还未等我反应过来，它便一下子向我扑过来，我本能的伸开手臂去挡，与此同时，我几乎是嘶吼般地发出"救命啊，佩儿"的声音，我的声音凄厉至极，整个身子瑟瑟发抖。

伴随着一阵急切的脚步声，我听见一阵熟悉而慌乱的脚步声，是睡在里间的佩儿，慌乱间她顺手把棉被盖在我的身上，我的手用力地抓着棉被瑟瑟发抖，她拿起一根木棍挥舞起来，可是她一个女子又如何对付得了这数只大狸猫，我看着她不停地打在空墙上，那阵阵的击打声，敲得我几乎要崩溃。

我是见不得猫的，幼时的记忆中，有一次母亲带我去李员外家做客，那是我才六岁，李员外家的小公子也不过七八岁的样子，他有一只猫一直抱在怀里，猫的眼睛也是碧绿而阴森的，我的心里本已十分恐惧，尽力躲避。却没想到李家公子贪玩，趁我不注意，一下子把猫塞进了我穿的棉衣之中。小猫被闷在棉衣中找不到出口，便死命地在我的棉衣中挣扎，尖锐的爪子钩坏了棉衣，雪白的棉絮簌簌地飘落，我的身子也是被抓的生疼，那是我幼年时最恐怖的

最后，终于猫找到了领口，当它从领口中爬出，那碧绿的眼睛恶狠狠地与我对视，那毛茸茸的尾巴扫过我的脸颊，伴随着一股骚气，幼小的我几乎要昏厥过去，从此之后，我对猫便产生了极度恐惧的心理，每次见到猫都会吓得毛骨悚然，更别说在这漆黑的夜里，见到这阴森的大狸猫。

我把自己整个隐藏在棉被中，但还是能听见佩儿惊恐的声音："这猫怎么这样大！"我甚至能感觉到周围几只猫在上下左右蹿动，它们凶猛地在叫嚣着，这样的夜晚，小厮们早已睡了，可如何是好？难道我没有死在魏忠贤的刀下，却死在了几只狸猫的爪下？

正当我已经绝望的时候，忽然门"砰"的一声被踹开，接着便听见猫尖锐而惊恐的叫喊声，异常的凄厉，还有猫撞击在墙上发出的重击声，我整个人已经极尽崩溃。

"好了，好了，小姐没事了。"佩儿的声音还略微地带着些惊恐，我整个人还是惊魂未定，待声音安静下来，便悄悄地拽开了被子的一角，看见房间里横七竖八地躺着几只死掉的狸猫，墙上带着些污血，几只画眉也是惨不忍睹，内脏露在外面，场面极其血腥，抬起泪眼却看见秦灯儿那张满是心疼的双眼。在看见他的那一瞬间，我整个人的脆弱全部淋漓尽致地被展现出来，我死命地抓住他的手臂，像是抓住了一棵救命稻草般。

他轻轻地拍着我的背，心疼道："没事了，没事了，是跑进来夺食的野狸猫，这幽兰馆本来就僻静，狸猫本喜静，加上个头壮硕无比，可能是画眉的叫声，一下子就把它们吸引来了。不过，不要怕，没伤到人就好。"

佩儿见我仍旧害怕，便抓紧打扫起这满屋子的狼藉来，空气中弥漫着一股血腥的味道，我整个人抓得更紧了。半晌，一切收拾完毕，我才忽然意识到自己有些不妥，快速松开了抓着秦灯儿的手，脸上露出些微微的尴尬。

"秦公子，今晚幸亏有你，只是为什么你会突然出现在这里？"佩儿像是忽然间反应过来，问了一句。

"这……实话告诉姑娘吧，我每晚都来看着姑娘睡下才离开，姑娘每天都睡得这样迟，怪不得脸色这么难看。"他脸上有些担忧之色，只是听他这么一说，我有些生气又有些感动，不知该说些什么是好。

"这么说，你日日都在窥探着我家小姐，只是我怎么没有发现？"佩儿似乎有些一怔，喃喃地低语起来。

"我若不想让姑娘发现自然姑娘便发现不了。"我看着他的眼下有些微微的血青色，看来也是很久没有休息好了，我有些感动。

"佩儿，你先下去吧，我有些话想跟秦公子说。"

"你这又是何必呢？本不必为了我而糟践自己，不值得。"佩儿一走，我便低语道。

"没事，我自己愿意的，姑娘或许不知，我每日看见这温暖的烛光时欣喜之情便油然而生，姑娘若是不喜欢我这样，就认为我是喜欢夜色好了。"他温柔地看着我，只是，我的心里怎么还能容下别人？

"湘兰姑娘，你的事情我知道，与其等死不如主动出击，你跟我走吧。你就当我是你一个远方的兄长，就当作是去亲戚家串串门怎样？"他满脸急切。

"秦公子，这件事情容我再考虑一下吧，天色已晚，你早点回去休息吧。"我下了逐客令，轻轻地推了他一下。

"那明晚我再来看姑娘，若姑娘想明白了，便跟我走，若姑娘执意留下，我也没什么好说的。姑娘多保重。"秦灯儿看了我一眼，眼中似乎有些眷恋的神色，我不愿看他的目光，便假意睡着。

不多时，伴随着门"吱呀"一声响，我知道秦灯儿走了。只是，我却再也无法安睡，想起血腥的场面和猫深绿色的眼睛，想着这个房间里刚才的激战与狼藉，我不寒而栗。

第四章

老友新客，送李迎张，蝶恋花絮断人肠

第五节　孤声凉

第三日天气便下起了暴雨，我昏昏沉沉地躺在床榻上，睡不着却又觉得累。

"湘兰姐姐，你没事吧。"想必是雪娇一早就听说了昨夜狸猫夜袭的事情，一大早便来看我。

"我没事，只是头有点疼。"我挣扎着要坐起来，却发现自己的手臂上不知什么时候被狸猫锋利的爪子划伤了一道痕迹，血早已结痂，一动便有些生疼。

"哎呀，姐姐，这伤口……佩儿，抓紧拿些药来，湘兰姐受伤了。"雪娇抓紧起身，招呼佩儿，也许是昨夜太累的缘故，佩儿满脸无精打采，一看到我的伤口，立刻慌了神。

"小姐，这事怪我，昨夜太黑，我没发现小姐受伤，现在都结痂了……"佩儿自责道，想起她昨夜勇敢地与狸猫搏斗的场面，我怎么会忍心责怪她？

佩儿抓紧拿来龙珠软，小心翼翼地在我的伤口上擦拭着，本来不是很疼的伤口，一接触到药膏却生生疼了好几倍，我不禁蹙起眉。

"佩儿，轻点轻点，你说这慕薇姐，没事送什么画眉，结果引来大狸猫，还伤了自己。"雪娇有些恼怒道。

"慕薇姐也是好心，本以为可以陪我解闷的，也没想到会发生这样的事情。"

"唉……今日已是第三天，明日便是魏忠贤召开赏兰宴会的日期，你有什么对策没有？"

"我没有什么对策……或许命运本该如此吧，我倒也淡然了。"我垂下眼帘，轻叹了一口气，"对了，雪娇，你怎知我昨夜遇狸猫袭击的事情？"

"是秦灯儿告诉我的，他一大早就跑来蕙兰居找我，把你昨夜的情况详细地跟我讲了，我这不一大早就跑来了。"她眉眼之间有些闪烁其词，我便明白了。

"那你今日来应该是带着些使命来的吧？"

"瞧姐姐说的，我怎会与那秦灯儿沆瀣一气，我永远是站在姐姐这边的，只是，那秦灯儿说的也未必不失为一个好方法。"

"妹妹，你也这么觉得？"此时突然暴雨惊雷，外面水汽弥漫。

"姐姐不知，这秦公子一早冒着大雨便跑去了蕙兰居，浑身淋了个落汤鸡，也够可怜的，他是真关心你啊。"

我默然。

"真是可怜，这么大的雨。"雪娇又低语了一句。

"小姐，我觉得秦公子是真心待你，昨日他看见你害怕时的那种恐惧，明眼人一眼就能瞧出来。"佩儿也这么说起来，我的心像是被狠狠地抽了一巴掌，有些生疼。

"可是，我的心里只有王公子。"我倚在被子上，看着外面倾盆的大雨，我能想象出秦灯儿冒雨的样子，却无法违背自己的心意。

"兰姐姐，其实秦灯儿也只不过是要你去他老家避一避风头，待以后再回来便是了。"听雪娇这么一说，我的心里似乎有些骤然的分明了，只是，我明知秦灯儿有意于我，却……这对他来说，实际上是有些不公平的。

"湘兰姐姐，你还记不记得以前咱们在蕙兰居时候唱的昆曲《思凡》，里面有一句我记得最熟的，火烧眉毛，且顾眼下。"雪娇的眼里微微有些笑意，像是在鼓励。

火烧眉毛，且顾眼下。火烧眉毛，且顾眼下。

这句唱词不是一下子就唱出了我的心理吗？身体发肤受之父母，与其白白送死，不如努力地去抗争。

雪娇似乎早已洞穿了我的心思，她搂住我的肩膀，一把拥我入怀："姐姐，不要因为一次受到伤害就再也不相信感情，这个世界上总会有一个人愿意默默地等你，放下从前，一切从新开始。"

"雪娇妹妹，之前要离开，拜别的话我们早已说了一箩筐，今日也不再说什么了。"

窗外哗哗的雨滴拍打着万千的草木，所有的植物似乎都重新焕发出了生机，不多一会儿，雨便停了，雨过天晴似乎是一个好兆头。树枝上偶尔几滴雨水滴滴答答地顺着流下，我的心又变得平静安宁起来。

我坐在梳妆镜前，看着镜中的自己，此时的我已二十七岁，韶光年华早已不复返，若是在寻常百姓人家，想必我早已是几个孩子的娘亲，而现在，我却仍旧是孑然一身。都说红颜易老，光阴难改，我最美好的时光似乎已经逝去，有朝一日，终将面对门前冷落车马稀的场面。对我来说，那定是极残忍的，想到这些，我不禁鼻头有些发酸。

佩儿仔细而又认真地帮我梳理着头发，一下又一下。我默默不语，闭上眼睛，静静地享受着桃木梳子在发线之间来回梳动的舒适感。忽然，佩儿一下子伏在我的膝上，声音有些颤颤巍巍地说："小姐，我怕。"

这毕竟是杀头之罪。

我轻轻地抚摸着她的发髻，柔声道："不要怕，不管发生什么事情有我在呢。"她的发质微软，莹莹之间让人陡然升出一些爱怜之意。

"佩儿，你在惧怕些什么？"

"我只是在怕魏忠贤人多权重，若小姐此番行踪被发现定是死路一条，若是侥幸没有被发现，以小姐这千金之躯如何受得了乡间的粗茶淡饭？前路漫漫，我终究是有些怕的。"佩儿的手掌有些微微的凉意。

"佩儿，我现在明白了，最重要的是要活下去，哪怕有一线生机，我也不愿放弃，况且就像你今日所说，若秦公子真心待我，肯定不会让我受丝毫的委屈。"

"小姐，我明白，我愿意与小姐一起，小姐也带我一起走吧。"佩儿的脸上有些请求。我若这样贸然自己离开，作为我的贴身丫鬟，佩儿又如何能逃得了干系？再者，佩儿从十几岁便与我在一起，我们早已经习惯了这样的生活，想到这些我不禁点了点头。

害怕吗？我难道果真一点都不怕？只是从我用马尿作画的时候，我就做好了被拆穿的准备，人生不就是这样吗？需要我们不断地冒险与前进。我若是一味地惧怕，那么天下的大事只需要躲在被子里就可以解决掉了。若人生只是这样，那也就变得索然无趣了，我不禁微微一笑。

王公子，你走了，我曾经"愿得一人心，白首不相离"的希冀变成了一地的狼藉。

王公子，你走了，佛不能渡人，所以我只能依靠自己的力量来拯救自己。

所以，请原谅我这颗不得已的心。

只是，此去一别，不知何时才能再相见。我别过头去，潸然泪下。

第四章

老友新客，送李迎张，蝶恋花终断人肠

第五章

三山明丽秦淮魂，朝露浸衣恨思春

逗夜亭皋闲信步，午过涉明，渐觉芳香暮；
数点雨声风约住，朦胧澹夕云来去。
桃李依依香暗度，谁在秋千，笑里轻轻语。
一片芳心千万绪，人间没个安排处。

第一节　秦灯儿智救马湘兰

天色渐渐沉了下来，佩儿起身去点了两支红烛，然后又重新坐在我的身旁，我看着那暗红色的一闪一闪的火苗，在空中燃烧着，心里不禁一番感慨，这红烛不正像我那颗虚弱而挣扎的心吗？

我与佩儿就这样坐着，不多时，她起身取了一个垫子点在我的后背上，还顺手递给了我一杯蜂蜜茶，接过佩儿递过来的茶水，喝了一口，便低语道："佩儿，太甜了。"

"是小姐的心里有太多苦了，这一丝的甜也经不得了。"

我明白佩儿的意思，这些年连我自己都觉得过得有些辛苦。只是，我默默不语，低头看着锦被上绣的牡丹图案发起呆来。

"小姐，我知道你从前便喜欢王公子这样的男子，你常常对我说，若得一人心，白首不相离，你与王公子在一起时，我也曾经为你高兴过，以为你真的找到了自己挚爱的男子。可是事实证明，王公子是靠不住的，秦公子虽然家境不好，至少他一心待小姐，这一点难能可贵，小姐今日还与我说要下定决心，为何现在又心事重重？"佩儿一阵见血，印象中的佩儿总是沉默寡言，没想到今日一语中的，仿佛一支冰冷的锥子，一下子就插入我的心里，让我哑口无言。

"佩儿，你的话我懂，王公子与我咫尺千里，纵然曾经有千丝万缕割舍不断的情缘，如今也只能一并收起了，只是，不要再说了……"佩儿于是不再言语。

我走到书桌旁，思虑了良久，想写些什么却总又感觉欲言又止，柔软的笔尖上早已经沾满了饱满的墨水，可是我却不知道再对他说些什么。那就当是要与他告别吧。我一出神，毛笔不小心碰触到了洁白的宣纸，墨汁洒落，一时间雪白的宣纸上出现了一大块污痕。

"小姐，这张纸污了，再换一张吧。"佩儿站在身旁，看着这被污掉的宣纸说。

"不用了。"我一抬笔，一笔一划地认真写着，笔触轻柔。

"上言长相思，下言久别离。"就当作是我与王公子之间最后的告别吧，我一字一句地写着，似乎用尽了全部的气力。我的手扶着身旁的紫檀乌木案几，才勉强支撑住了身体，只是双手被乌木硌得生疼，手心一阵阵发痛。

"好了，佩儿，时间也不早了，抓紧收拾行李吧。咱们的东西也不多，待秦公子来了，咱们便去那太湖边躲上些时日。"

子时，他果然来了。

夜色好似我心底的哀凉，一层一层弥漫开来。若那日，带我走的人是王公子，那此时的我又在何处？过着什么样子的生活？想起这些我不禁哑然失笑。

"秦公子，是你吗？"我喃喃地说道。

"湘兰小姐……"果然是他的声音，他似乎欲言又止。

"想必已经过了子时，秦公子我们出发吧。"我既像是在对他说，又像是在对自己说。

"什么？"我这么一说，他怔了一下，仿佛是没有听清楚我的话。

也许是白日里下了雨的缘故，此刻的我竟然感觉到了微微的水汽，只是秦灯儿的身影却未曾因为水汽而变得模糊，反倒更加清晰了。

"我们出发吧。"我又重复了一遍，一瞬间我看见他整个人变得光彩夺目起来，即使是在伸手不见五指的黑夜中，我也能感觉到他笑容中散发出来的璀璨的光辉。

夜色如汁如稠般，他望着我，眼眸中全是欣喜，只是我却无法去迎接他炙热的眼神，下意识地低下了头。

"湘兰姑娘，只要你愿意，我定不遗余力地保护你。"他沉沉道。

"谢过秦公子。"我向他作了一个揖，忽然觉得此刻的气氛略微有些尴尬，看着他欣喜的表情我不忍打断，只能刻意与他保持些距离。

"湘兰姑娘，你也不要太有压力，我之前就说过，你就当是去远方的亲戚家串门好了。"他似乎察觉出了我刻意而为之的距离。

他的微笑又再度徐徐绽放起来，只是这一次，我能读出，里面多了些无奈。

"好了，湘兰姑娘，我们出发吧，现在出发，马车三日左右便可到达太湖了。"

"好。"我再也没有太多的言语了。

子夜的门外，异常的阴冷，夜里风大，耳边是呼呼的风声，尽管我穿着厚重的棉衣，可是潮湿阴寒的气息，还是生生地往脖子里钻，我裹紧了身上的衣服。

"湘兰姑娘，快走几步，我已在幽兰馆外备好了马车，外面风大，去马车里就好了。"佩儿紧跟在后面，夜风吹得她睁不开眼睛。

好歹上了马车，马车一开动，风卷起鬓角的垂发摩在我的脸上有些沙沙的痒，我的眼角不觉间早已湿润，有那么一刻，刚才的坚定又有些吹散了。

犹记得小时候在蕙兰居，我和雪娇坐在窗前读书，那时候的夏日总是那样的悠长，知了叫了一遍又一遍，不知疲倦。我总觉得时间长，好像是总是过不完，偶然间午睡起来，睁开迷离的双眼，脑袋早已清醒，只是眼睛却老是不愿意睁开。这时，我总能听见陈先生怒吼的声音，"都几点了几点了，还不读书"。陈先生是慕薇姐为我们请来的私塾先生，他的头发和胡须早已花白，晃悠悠地摇晃着脑袋，背不出书的时候，便会大声训斥我们。

雪娇总是能把《女训》与《女则》背得滚瓜烂熟，诗词一道却有些不关心，而我却酷爱诗词，每每读到"两情若是久长时，又岂在朝朝暮暮"、

"愿得一人心，白首不相离"这样的诗句时，总是会被感动。那时的我，虽然在青楼，闺阁中的期盼也不过是能够遇到一个有情郎，能执我之手，与我偕老。而今想来，那时的确是幼稚了，以我青楼女子的身份，想要拥有一份纯真的爱情是何其之难。

那个时候的雪娇是不屑与我为伍的，她总是那样自信与高傲，当我在诗词之中幻想的时候，她却在一针一线地绣着苏锦。那时候她最爱的，便是苏绣，才十几岁的年纪，便已绣得有模有样。

在曾经的缤纷岁月中，我们也快乐过。只是，一切都回不去了。

第二节　人去楼空春去也

马车快速地行驶着，我坐在车里，听着车轱辘的声响，想着这些年来的种种，我拉开布帘，虽然夜幕是如此沉重，可我还是一眼便看出了这里仍旧是秦淮河，所有的场景都飞快的往后退缩，我一抬眼，还是看见了秦淮河畔一个高仁的石碑，上面刻着"秦淮河"三个大字。

"小姐，咱们真的要离开这秦淮河了。"佩儿看着窗外幽幽的夜景，脱口而出道，毕竟我们在这里生活了十几年。

我狠了狠心，一把扯下了帘幕，索性不再看窗外的风景。

"道是无情却也有情"。

让我没想到的是，我有朝一日能离开这秦淮河，而那矗立的高大石碑竟成了我对秦淮河最后的记忆。秦淮河已远，那熟悉的生活早已在身后，我轻轻地笑了。七岁的时候，我乘着马车从湖南来到了秦淮河，二十七岁的我带着似乎有些不舍的心情，在夜色中奔驰着。秦淮河，你承载了我多少爱恨情仇？只是，以后的故事，你便不得而知了。

像是做了一个冗长的梦一般，一路上我都昏昏沉沉，好像很久都没有睡过这样安稳的觉了。待我醒来时，却发现马车早已停了下来，我睁开眼睛，看着身边的佩儿，她还在睡觉，我的手臂轻轻一碰，佩儿也睁开了惺忪的双目。

我拉开马车的窗帘，一道阳光照进来，我下意识地抬起手臂遮挡住阳光，四边全是山，古刹不远处便是一座寺院，晨钟袅袅，钟声悠悠，果然是个好地方。

看着窗帘外的美景，我不禁有些心动，于是起身下车去，一下车便看见秦灯儿手里拿着一些吃的喝的往马车的方向走来。

"湘兰小姐，你睡醒了，这是些吃的喝的，你跟佩儿姑娘颠簸了一夜了，抓紧吃些东西补充一下。"他双手递过来，"这是我在前面的尼姑庵中，跟主持化来的斋饭。"

"秦公子，我们现在身在何地？"

"湘兰姑娘放心吧，我们现在已经出了金陵，在吴地。照这样的速度前行，不出两日便可到达太湖了。"我看了看自己身上的衣着，我着了一身蜜合色的长衫，头发被方巾挽起，佩儿也是这样的装扮，在深夜中还无他，在阳光中略微有些不适应。

我又仔细地看了看周围的风景，晨暮中看不远处的寺庙建在层层的岩石之间，殿宇不凡，飞檐斗拱，极是气宇轩昂。我不禁有些感叹，若是能亲身去拜拜也好。

"秦公子，反正时间尚早，今日路遇这尼姑庵，又食了寺院的斋饭，不如去拜拜菩萨，求下平安。"

"这……"秦灯儿的脸色有些为难，但是须臾便说，"好吧，不过我们只能待一个时辰。"

"好。"我们三人便前往尼姑庵的方向走去。

"晨钟暮鼓，这样的生活也不错。"我像是爱说给别人听，又像是在说给自己听。

不一会儿，三人便出现在寺院的门前，只见正门处有一个巨大的牌匾，上面写着"晨钟庵"三个大字。门口站着两个年轻的小尼姑，我略施一礼："今日我们途径与此，巧遇'晨钟庵'，故来拜拜，以寻求菩萨的佑庇。"

"三位施主诚心而来，请进。"我又施了一礼，便转身进入到大殿之中。

大殿中点着些火烛，香气缭绕，盈盈间全是檀香的味道，大殿的中间供着菩萨的圣像，圣像被打造成了金身，洋溢着通亮的佛光，在烛火的映衬下，更显得庄严而肃穆。菩萨微微颔首，身前全是贡品与檀香，前面真好有三个蒲团，我们三人跪了下去。

看着菩萨的圣像，我的心里微微有些悸动，想起自己的遭遇，一时间悲痛得不能自已。对着佛像，我轻轻地说道："菩萨大慈大悲，普度众生，弟子今日在此祈求菩萨的佑庇，地狱未空，誓不成佛。"说完便开始行大礼，秦灯儿与佩儿也跟着做起来。

"时间的万物皆有所长，只要你心尘平静，让自己远离喧嚣，多做善事，菩萨定会庇佑你。"忽然一个声音响起，我转过头去，看见一个面向极善的尼姑，四十岁上下的样子，语气中有些悲悯，神情极其和善，我看着她，仿佛她能洞察我所有的无奈。

看我看着她，她便解释道："贫尼法号静恩，是这晨钟庵的主持，刚才看见三位，觉得很是有眼缘，姑娘，我这有串佛珠，可保你平安。"

"静恩师傅，你这样贵重的大礼我怎么能收？"我微微朝她颔首，算是心领了。

"姑娘拿着便是，我能看出姑娘眼睛里的无奈，我们也算是同病相怜之人。"她的眼光有些黯淡，但瞬间就转为常色。

"姑娘若是愿意，便做我的俗家女弟子吧。"我微微一怔，但想起自己此刻的心境，再看看身边的佩儿与秦灯儿，两人也是一脸的错愕。

"好，弟子拜见静恩师傅。"我叩拜行大礼，算是拜师礼了。

"那我为你取一个法号吧，叫莫愁如何？你是俗家弟子，自然不受清规的戒律，但是我愿你一心向善，忘却红尘之事。"静恩师傅看了我一眼，便转身去取了一个宝蓝色的瓶子，用水蘸了几滴，洒在我的额头处。"如今，你也算是在红尘之外了，师傅会在这里为你念经祈福的。"

"徒儿谨记师傅的教诲。"我接过那串佛珠，挂在了自己的胸前。

秦灯儿以眼神示意我离开，想必早已过了一个时辰了。

"弟子要去赶路，就不打扰师傅了，"我从头上摘下一个翡翠色的玉簪，递与静恩师傅，"这个算是香火钱吧。"

"善哉善哉……愿菩萨保佑你。"

走出晨钟庵，佩儿似乎还沉浸在刚才的场景中。

第五章

三山明丽秦淮魂，朝露漫衣恨思春

　　"小姐，你怎么一下子就答应要做静恩师傅的俗家弟子了？这太突然了。"

　　"是啊，这太突然了。"秦灯儿也在旁边附和着。

　　"静恩师傅说我们有眼缘，我也不好拂了她的意，况且我感觉出她能读出我心里的事情，心意相通本来就是一件可遇不可求的事情。我出门在外，用本名也不好，以后，你们便唤我做莫愁吧。"

　　秦灯儿不再说什么，倒是佩儿接着说："莫愁倒是很好听，不像是俗家弟子的名字，倒像是闺名一般。"

　　"静恩师傅也不过是希望我能摆脱世俗的困扰罢了。"我一语带过，"好了，时间也不早了，我们早点上路吧。"

第三节 湘兰归隐田园

车子在路上又颠簸了两日，终于到达了太湖。

我一出轿子，便看见了一望无际的湖水，如白浪涛涛。微风习习，湖水漪漪，湖上有数十只星星点点的白帆，白帆像是随着暖流而来的鱼群，争先恐后的在湖里游着，帆船如层层的屏障，看起来极其的壮观辽阔，像是一道水上城池一般，我从未见过这样的阵势，不觉间有些微微的感叹。

"这是在捕鱼呢。"秦灯儿的脸上有些微微的得意之色，似乎是料定了我未见过这样的场景，或许是回到故土的欣喜，他的脸上始终带着一丝甜甜的笑意，我不禁一阵感慨与羡慕，秦灯儿还能重返故土，探望亲人，而我呢，二十年后我若有机会重回故土，想必早已物是人非了，没有亲人的故土还算是故土吗？

已经三天了，我一点都不知道金陵的情况，想必整个秦淮河早已炸开了锅，魏忠贤当众出丑，定然是怀恨在心，金陵是再也回不去了，我以后的生活恐怕要与这滔滔的江水为伍了。佩儿随我自幼于秦淮河畔长大，肯定也是没有见过这样的阵势的，我看着她的眼睛只盯着远处的船帆，眼睛瞪得圆溜溜的，样子甚是有趣。

"莫愁，我带你回家。"秦灯儿温柔地看着我。

家？

我一怔，这个字对我来说是那样的陌生，只是，如今我漂流在异地他乡，有人对我说出这样的字，我还是有些感动的。

到秦灯儿家的时候，已是黄昏时分。从马车上走下来，被山风一吹，整个人一下子就觉得神清气爽，只是身上有些凉津津的。在苍茫的暮色中，周围的山色有些阴沉，绕过几亩水田，便看见了几间低矮的平方，看见那些房子的时候，我眼见身旁的秦灯儿眼睛放光，"莫愁，快看，莫愁，快看，那便是我的家了。"他加紧了脚步，一下子便向小房子前跑去。

"看这秦公子，竟是这样的心急。"佩儿看着他往前跑，便说道。

我只是微微地笑了一笑，并不说话，我似乎可以理解秦灯儿归家的欣喜感。

不一会儿便看见秦灯儿挽着一位老妇人出来，妇人也是满脸的笑容，一脸的和蔼可亲，我一猜便知那是秦灯儿的母亲。

"莫愁，快来！"他召唤着我，我不禁加快了脚步。

"阿妈，这位是莫愁姑娘，旁边的是佩儿姑娘，莫愁，佩儿，这是我阿妈。"秦灯儿介绍起来。

佩儿似乎有些拘谨，我颔首向秦妈妈答礼，只见她上下左右地打量着我，不多时便露出了满意的笑容，我顿觉有些尴尬，莫不是……莫不是秦妈妈把我当成了是秦公子的……我的脸微微一红。

"秦妈妈……"我一张嘴，却又觉得自己不知道该说些什么，于是，便又闭了嘴，尴尬地笑了笑。

"嗯，不错不错。"她点头朝我笑，"莫愁姑娘不错啊，灯儿，快点带她们去歇息吧。"秦妈妈善解人意地说。

"那阿妈，莫愁和佩儿姑娘就住在这个房间吧。"他为我们指了指身边的一个平房，母亲点头。

秦灯儿把带来的几个包袱从马车上拿下来，离开也便离开了，唯一舍不得的便是那把古琴，它毕竟陪伴我度过了那么多寂寥的岁月。秦灯儿在前面引着，这平房虽然低矮，可是里面倒也收拾得清爽干净，房中一张通榻的大床，床边是一个木头的几椅，墙角是一口大水缸，极其的简单。

"莫愁，这乡野间粗陋，别兀他法，你就多将就一下吧。"秦灯儿无奈地笑了笑。

"不不不，清淡简单，我喜欢，有劳秦公子了。"我欠身笑道。

"那我就不打扰你们了，一路旅途劳顿，两位姑娘先休息。"说着，

112

秦灯儿便退了出去，一时间房间里只剩下我与佩儿俩人。

"佩儿，从今以后我们便要长久地生活在这太湖边上了……"我看了佩儿一眼，此时的她脸上虽有些倦容，可还是掩盖不了初来乍到的喜悦。

"恩，小姐，太湖风光旖旎，小姐安心便是，咱们已经远离了是非之地，以后再也不会有麻烦找上咱们了。"佩儿柔声道。

我们在太湖的日子就这样一天天地过着，宁静而安详，秦灯儿白天去捕鱼，晚上我与秦妈妈一同下厨，做些饭菜，虽然一切简陋，可是却再无曲折，乡野间的人淳朴善良，大家都认为我是秦灯儿的媳妇，脸上流露出艳羡的表情，我也不辩解，可是只有我自己才知道，自己的心里仍旧有一个结，一个解不开的结。

这一日佩儿坐在小院子里缝补一件衣裳，而我则手拿着静恩师傅的佛珠，捻着把玩。

"小姐，这几日我见你精神头儿不错，这天气也好，都说这太湖美，不如我们去周遭小转一圈吧。"佩儿忽然停下了手里的针线，抬起头来看我。

佩儿的心思我怎会不知，也只有她能看出我的无奈来吧，于是便应承了起来，两人便踱步出去。

这太湖的风景果然美，她的美与秦淮河的美是不同的，太湖像是一个不施粉黛的少女，肤如凝脂，山色水色连在一起，是那样的苍茫，而秦淮河则更像是一个华贵的夫人，总之，是不一样的美。

此地的风景极好，我看着烟水间缭绕的雾气，似乎一切都是那样的不真实，我的心里一片苍茫，七岁我曾写下"空谷幽兰独自香，任凭蝶妒与蜂狂。兰心似水全无俗，信是人间第一芳"的诗句，若下半生我真的在这太湖边与一个自己不爱的男子度过，我又真的会心甘情愿吗？我不知。

太湖的夜是那样的凉，风从窗户中灌进来，我和佩儿坐在床头上，已经三月份了，春天还未至，平房低矮，空气中的湿气是极重的，我别无他法，只能静静地等待春天的到来。

第五章 三山明丽秦淮魂，朝露浸衣恨思春

第四节　田园深处遇雪娇

四月天气逐渐开始变暖，人间四月芳菲尽，太湖边上已百花缤纷。

秦灯儿是有心的，他知我素爱兰花，便在我房间外顺着房屋种了一圈兰花，也就那么一夜，忽如一夜春风来，兰花全都盛开了。

从我离开幽兰馆，我便再无见到这么多的兰花，躺在房屋里，四处弥漫着兰花的清香。我想起自己已经许久未谈琴了，想起曾经在幽兰馆的日子，便信手弹了起来，所有的往事浮沉在那一刻全部涌上心头，我日日诵经而获得的片刻安宁与麻木，怎抵得上这喷涌而来的回忆？那些我曾经再也不愿意去碰触的回忆，一下子便把我吞噬掉了。

我想起了一个男子，他给了我甜蜜与温暖，让我在似海的红尘中获得过慰藉，虽然是那样的短暂，却给了我终生难忘的回忆。

我的手指漫无目的地在琴弦上掠过，心事也随着琴声慢慢喷涌，思绪万千，忽然间手指一下勾住了琴弦，一用力整个琴弦发出"崩"的一声，乐声戛然而止，四周陷入了一片沉寂之中，罢了罢了，知音少，断弦有谁听。

我在太湖边，就这样度过了五年，我已经三十二岁了。佩儿的眼角也慢慢地有了皱纹，偶尔在梳发的时候，也常常会发现一缕一缕的白发，只是我，仍旧是当年的模样，岁月并没有在我的脸上露出些痕迹，别人都在惊叹，而我只有我自己知道，我是有怎样一颗不肯老去的心。

我曾经这样以为，或许我的这一生就这样度过了。

有一天，我坐在房前，手里捻着那串佛珠，我每日都在祈福。

只是忽然之间听见了一声熟悉的呼喊声："湘兰姐姐。"

是我发梦了吗？这太湖边上怎会有一个女子的声音与雪娇那样的相

似，定是我发梦了，我嗤笑了一声，继续数着手里的念珠，微风起，我的长发被吹起。

"湘兰姐姐。"又是一声，我猛地抬起头，果然看见了雪娇，这怎么可能？！

"姐姐。"她飞快地朝我跑来。

"真的是雪娇吗？"我还是有些不相信，紧紧地抓着她的手，一切都是那样的真实。

"嗯，姐姐，姐姐，是我，我是雪娇。"她的眼角含着泪水，我也是，那是一种久别重逢之后的喜悦之感。

我看着雪娇，此时的她已微微的有些丰腴，不似当年那么清瘦了，可还是那么的明艳动人。

"姐姐，这么多年未见，你还是当年的那个样子，真是奇怪，岁月竟没有在你的身上留下丝毫的痕迹。"她看着我的脸，似乎有些不敢相信。

"妹妹还不是一样，这么多年了比从前更标志了。"

"姐姐又取笑我，我已经是孩子的娘亲了，怎么还能跟姐姐比？"她低头一笑间，满脸全是幸福。

"孩子？雪娇，你都有孩子了……快到房里来，跟我说说这些年的情况。"我拉着她便往房间走。

"这些兰花是秦公子为你种的吧？他还真是有心。"走到门口，她看着兰花对我说。

"嗯。"我一应，可眼睛里面却满是闪躲，我怕雪娇看出我的无奈。

她随我进入房间，环顾了一下房内的摆设，然后看了我一眼："姐姐，这么些年你受苦了。"说时，眼泪瞬间滚落下来。

"也没有，秦公子与她的母亲待我是极好的，这些年虽然日子过得清苦了些，可却是从未有过的平静。"我怕引起雪娇的伤感，便随即转开了话题，"对了，妹妹，快点跟我说说你这些年的境况。"

我拉着她的手坐在床沿边上，她娓娓地向我道起了这些年的遭遇，原

第五章 三山明丽秦淮魂，朝露浸衣恨思春

115

来那日我跟着秦公子走后，第二日九千岁果然开始了品兰盛宴，魏忠贤让众人去他的书房中品兰，一走进门口便闻见了一股极难闻的骚味，众人不敢语，魏忠贤却一边向众人介绍，一边说"这幅画不仅优美，还有一股淡淡的香气。"于是众人才知，这股骚气来自于这幅画，一时间成了金陵的笑谈。

后来，魏忠贤知道后勃然大怒，派人到幽兰居去找我，若发现我不在定是株连九族的大祸，整个蕙兰居都恐要被牵连，于是雪娇便穿上了我的衣服，扮成是我去见魏忠贤，在路上雪娇趁官兵不备，一下子投湖了。

"妹妹，你怎么这样傻？"听着雪娇扮我投湖时，我的眼泪忍不住簌簌地掉下来。

"姐姐，你不要难过，我不是没有死掉吗？你听我慢慢给你说。"她眨了眨眼睛，原来那日雪娇投湖之后，被一个过路的做布匹生意的商人救起，商人待雪娇极好，如今也算是美满，还有了一个三岁的儿子。

"妹妹，姐姐真为你感到高兴，若那日你死去，我这辈子都不会原谅自己！"我庆幸有人救了雪娇，也真心为她现在的幸福感到高兴。

"姐姐，你与秦公子怎样？"她终究还是问了这个问题。

"还是那样，五年来秦公子待我极好，只是我……"我一时语塞。

"难道姐姐心里还在念念不忘那王稚登？一个负心汉又有什么好苦等的？"她一语戳中了箴缄，我默默垂下头不再做声。

"对了，姐姐，我今日来此是有一个大喜讯要告诉姐姐的。"她的脸上忽然闪耀出光芒。

"魏忠贤倒台了！姐姐。"

"什么？你再说一遍？"我"噌"地一下子站起身来，期盼这一天我不知盼了多久。

"魏忠贤倒台了，姐姐你可以重返秦淮河了。"像是身上背负的包袱终于被卸掉，我深深地呼了一口气，这么些年没想到我还有这么一天。

"只是……姐姐，你要离开这太湖，离开秦公子吗？"她若有所思地问我，表情有些凝重。

是啊，秦公子待我恩重如山，难道我就这样不辞而别？我的心又纠结撕扯起来。我不再说话，雪娇也不再说话，只是静静地陪着我，这样安好的时光，已经过了五年。

第五章

三山明丽秦淮魂，朝露浸衣恨思君

第五节　拜别秦灯儿，重返秦淮河

雪娇在太湖逗留了几日，便匆匆离开，一来因记挂家中的小儿子，二来魏忠贤倒台的事情已经告知与我。没有人知道雪娇突然到访给我的心带来了怎样的涟漪。

看着雪娇坐的游船越走越远，我在岸上与她挥手道别，感慨万千。我一直挥手，直到她游船的身影消失在广阔的湖面上，我仍旧不愿离去。

我心事重重，此时的我内心正在经历着挣扎与纠结，我已是自由身，却无法忘记秦灯儿对我的恩情。回到住处的时候已是黄昏时分，我隐约听见秦妈妈和秦灯儿的对话，不禁放慢了些脚步。

"灯儿，这莫愁姑娘已经在咱们家五年了，你什么时候才娶她啊？这姑娘家老是没名没分住在这里，外人会说闲话的。现在整个太湖已经流言四起了，这样下去肯定不是办法，你是不是应该去问下莫愁姑娘，我可等着抱大孙子呢！"

我的心咯噔一声，才忽然意识到我给他们造成的困扰。

"阿妈，你放心吧，莫愁姑娘善解人意，聪颖大方，她肯定会是咱们秦家的媳妇。"秦灯儿安慰着母亲。

"这莫愁姑娘长得这么好看，怎么会愿意跟你来咱们这穷乡僻壤？莫不是……"秦妈妈紧蹙了眉头。

"阿妈，你别胡思乱想了，等下莫愁快要回来了，我们抓紧去准备晚饭吧。"说完便推着秦妈妈往灶台去。

我的心有些心疼，若是秦妈妈知道我是秦淮河畔的头牌青楼女子，又该是怎样的反应？想到这些我不禁不寒而栗。莫愁，莫愁，这终究只是一个名字，而我终究还是逃不出马湘兰的宿命。

那一刻，我便下定决心，我要做回马湘兰。

这一晚的晚饭，秦灯儿特意杀鸡宰鱼，说是给我补补身体，我知道那只母鸡是秦妈妈养了好久不舍得吃的，想起这些……丰盛的晚餐，我却味同嚼蜡，心里好似翻江倒海般难受。

是夜，我透过窗户看见外面的月亮是那样的圆，才想起今日又是八月十五。数年之前的八月十五，玩月桥边我与秦灯儿相识了，那时的他憨憨傻傻，目不转睛地看着我，小溪边我一脚踩空，他一下子拉住我入怀；漆黑的夜色中，他为我赶走狸猫；幽兰馆外他策马执鞭，义无反顾地带我离开秦淮河那片是非之地；乡野中为我捕鱼种兰花……往事一幕幕浮现出来，我的心伴随着一阵阵绞痛。只是，我不爱你，我对你只有感恩，你懂吗？

我在房间里沐浴了一番……我要报答你，用我唯一能做到的方式。

秦灯儿进来的时候，我随意地披散着头发，穿了一件极其单薄的衣服，锁骨处若隐若现，一股若有似无的香气不时地散发出来，无处不在，我知道此时的我定是极美的。

我一回过头去，便看见秦灯儿站在门口，两眼有些呆滞，傻傻的，就像是那年十五之夜玩月桥初相遇般，我不禁莞尔一笑，"灯儿，你来了。"声音是那样的温柔。

他明显的一怔，脸色有些微红。

"灯儿，你进来。"我召唤他。

"怎不见佩儿姑娘？"他在转移话题，似乎是为了缓解此刻的尴尬气氛。

"她有事情，今夜不会回来了。灯儿，我要走了。"我曾试想了千百万次说这句话时的场景，最后却这样平静地说了出来。

"你要走了？"他的眼睛瞪得极大，目光瞬间便暗淡下来。

"我要走了，魏忠贤倒台了，我要回秦淮河了。"我拉起他的手，他有些僵硬。

"灯儿，在你心里我是怎样的？"我看着他的眼睛，问道。

"你是我的天上人间。"他也不看我，却回答得十分坚定。

我还未来得及细细品味，热泪已经滚了下来，我真的很感谢你，这么多年有你相陪，只是，我再也不能这么下去了，为了你也为了我自己。

"是，你对我笑一笑我都会觉得世界格外的美好，"他继续说，他有些着急。

"我出身青楼，人生已是肮脏不堪，我已经耽误了你这么多年不能再耽误你了，今夜我是属于你的。"

他的手有些微微的颤抖，我能感觉出他的无奈，甚至是有些微微的愤怒，我松开他的手，走到屏风后面，把单薄的衣服脱下来，隔着屏障对秦灯儿说："灯儿，你进来吧。"此刻我知道自己是有多么的残忍与不堪，可是我别无选择。

"为什么要这样？为什么是这样？"他发疯般喊着，然后消失在黑夜之中，只留下一个赤身的我。原来，他竟然连一个让我报恩的机会都不给我，我慢慢地将衣服一件件穿起来，我要离开了。

"小姐，你为什么要这样做？"是佩儿的声音。

"你都看到了，我本来也没想瞒着你，你知道了也好。"

"五年，整整五年了，你还是忘不了王公子。"佩儿的神情有些古怪，我从未见过她这样的表情，我一直清楚她缜密的心思，她总是能一下子便能洞穿出别人的心思，而这一次，她就这样一下击中了我的要害。

我的心思一下子颓败下来。我微微一笑，窗台上一株水仙花早已盛开，白色的花瓣、绿色的根茎，人若是能像这株水仙一样简单而多好，出水芙蓉，永远也无须沾染尘世的烦恼。

可这所有的一切，终究还是不得，花草无情，人却有自己的思想与感情，有些人没有一丝防备地走进你的心里，此生也就再也走不出来了，哪怕中间隔了十年八年，却仍旧是无法忘却的，或许这些，佩儿是不懂的。

第六章

独守寂寞，铩羽而归，不成白头亦无悔

天桥远眺，见人来车往，数声残笛。万里长空云过处，夕色渐趋明晰。拔地高楼，连天烟树，一片苍苍秋碧。人间仙境，亦非天上可敌。

我即【格式调整】信步街头，茫然四顾，知己何曾觅？灯火阑珊人各自，今夕不知何夕！冷冷凄凄，几番回首，又惹前尘寂。歌厅门外，琴音摧断悲戚。

第一节　寂寞独成闺

"小姐，你走吧，我留下。"

佩儿忽然说了一句，我一怔。我看着她的脸，她脸上有着我从未见过的坚定，我竟然觉得有些陌生，这是与我朝夕相处近二十年的佩儿吗？

"这么多年，我是眼看着秦公子对小姐的喜爱，我打心眼里感动，小姐常说'愿得一人心，白首不相离'，我现在是真真的看到了。秦公子真的很好，若我与小姐一起离开，秦公子该难过成什么样，小姐可曾有可想过？"佩儿的眼中有泪水，她也是个重情重义之人，我还能说些什么。

我只是默默地点点头，佩儿的眼神敏锐而尖利，直刺人心，有些话终究还是没有说下去，窗户外传来兰花的阵阵幽香，桌上的纸笔斜斜地散落到一处，我拿起纸笔，写下"感君千金意，惭无倾城色"，仿佛有那么一瞬间我释然了，佩儿的眼睛直直地盯着这几个大字，仿若要钻到纸张里。

"佩儿，你我也算是姐妹一场，这碧玉簪留给你做个念想吧，此去一别，不知我们何时才能相见。"佩儿从十几岁便跟着我，一想到便要就此与她分离，我也是有千万的不舍，我勉强忍住自己的思绪，好让自己显得不那么悲伤。

"小姐……"她扑腾一下跪在地上，抱着我的双膝，"小姐待我恩重如山，下辈子下下辈子我还要好生伺候小姐……"

我扶她起来，把玉簪插在她的发髻上，我又是孑然一身了。

就这样我仓促地离开了太湖，带着很多的不舍与回忆，我在路上颠簸了七天，终于回到了秦淮河，那一条路我竟然觉得走了一世那么长。

日色璀璨，万物都入尘般，所有的爱恨情仇都显得那么不值得一提，时光的印刻是那样的残忍而分明，五年，一切还是从前的模样吗？

不多时，便看见"幽兰馆"几个大字，那是当年我亲手写下的，三个铸金大字在阳光的照射下散发出耀眼的光芒，幽兰馆的池塘中种满了白莲，那小小的莲花漂浮在水面上，仿佛冰清玉洁的女子，里面，早已兰花纵身，这里果然一切如旧。

我看见门口站着一个正在打扫的小厮："五儿？"

五儿抬起眼睛一看到我，脸上便露出欣喜之色："小姐，你回来了，湘兰小姐回来了。"他朝房内一喊，慕薇姐带着几个丫头出来了。

风微微地吹来，整个幽兰馆都沉浸在清风荷露之中，慕薇姐已经老了，那个美艳不可芳物的女子，终究还是败给了时间，红颜易老，光阴难耐，一切都是那样的突兀却又在情理之中。

"欢迎小姐回家。"两旁的丫头一说，便是欢喜的哽咽。

"慕薇姐……"千言万语都无法表达我此时的心情。

"兰儿，这么些年你受苦了。"慕薇姐说了一句话，便是絮絮叨叨的讲述，原来这么些年，在几句话中便说了过去。

我走后，幽兰馆无人照料，慕薇姐便常来幽兰馆帮我打理花草，修葺房屋，我依稀记得那夜走之前，秦灯儿杀掉狸猫时的斑斑血迹，如今，一切都焕然一新。

回到厢房，开箱子启锁，满眼都是华贵妖媚的衣裳，我挑了一件深红色的上衣，上面用金线绣着花纹，光艳如流霞一般明艳动人，我拿起桃木梳子，为自己挽起了一个高高的归云髻，发髻上插了一支牡丹。眉宇之间流光溢彩，花艳如火，我看着铜镜中的自己，一时间有些认不出，时间竟然没有在我的身上留下痕迹。

我拿起手边的柳黛笔，画着螺子黛，那曾是我最爱的眉形，对着镜子，仔细画起来，脸上也是略施了些粉黛，看着镜中的自己，微微一笑，我还是马湘兰，虽然五年未曾画眉，可是手法还是那样的纯熟，不一会儿一个活脱脱的美人便出现在镜中。

我凝视着镜中的自己，满脸的疲惫已经一扫而光，精致的妆容像是一个面具，掩盖了最真实的自己，此刻的我流光溢彩，明艳不可芳物。

　　我渐渐开始重新适应幽兰馆的生活，我回到金陵的消息不多久便不胫而走，我的幽兰馆常常被挤得水泄不通，他们必定是要来看看，当日敢戏弄九千岁的女子究竟是怎样的一个人，可是看看也终究是看看，看多了也便会觉得索然无趣。

　　热闹持续了一个月左右，便再度沉寂下去，哪怕我保养再得当，装饰再华美，也无法掩饰我已经三十五岁的年纪，蕙兰居里豆蔻年华的女子一大把，我每次看到她们都会微微的有些出神，她们的天真与明艳是我终究所无法相比对的。

深院飘梧，高楼挂月，漫道双星践约，人间离合意难期。空对景，
　静占灵鹊，还想停梭，此时相晤，可把别想诉却，瑶阶独立目微吟，
　睹瘦影凉风吹着。

　　幽兰馆里又安静了，连黑夜也变得寂静了，我想起从前读白居易的《琵琶行》时，每每读到"门前冷落鞍马稀，老大嫁做商人妇"时的不屑与高傲，想来那时真是豆蔻年华，怎会体味到这年老时的忧伤？雪娇是幸运的，在她春光明艳的时节遇见了自己爱的人，同时那个人也爱她，这样的两情相悦是多少人都求不来的。

　　起风了，幽兰馆内的纱帐在夜风的吹拂下，像是一只无形的大手，盖住了我的古琴，我一个躺在床上，连一个说知心话的人都没有了，我的双足露在外面，在夜风的吹动下有些凉意，我下意识地蜷缩了下身子。

　　紧闭双目，嘴里反复吟诵着："门前冷落鞍马稀，老大嫁做商人妇。"

　　"门前冷落鞍马稀，老大嫁做商人妇"，原来诗句里早已隐藏了我的人生。

第二节　庭堂上的莫须有之罪

那一日，我正与姐妹素素相约泛舟秦淮河畔，我坐在船舫中弹着古筝，指尖之间传出悠扬的琴声，那琴声中注入了我多少的情感，素素妹妹说，我这琴声倾醉了一湖的人。

秦淮河湖道宽阔，水面上数支船舫，两岸种满了芦荻，此时已是芦花盛开，接天连壤间风景是极美的，弹了一会儿古筝，微微有些累了，便站在船头上欣赏着极美的风景。

忽然，一艘游舫紧紧地抵住我们的船，竟把我们的船抵到了岸边，我有些气恼，便站在船边向游舫喊："敢问这家游舫的主人是谁？"语气间有些不卑不亢，这一声倒是吓傻了船上的人。

只见一个管家模样的男子，站在游舫前，一脸不屑地问道："你是想见我家老爷吗？我家老爷可是这秦淮河畔的府尹大人，又是秦淮河的首富，岂是你这等女子说见就见的？"管家言语间极尽嚣张，我不禁有些厌恶。

秦淮河畔的府尹？我的心一下子跳到了嗓子眼，那府尹大人不就是当年被我戏弄的朱孝廉朱恒远吗？果然是冤家！从管家的话语中我便可听出羞辱之气，看来定是要遭遇此劫了，我随即恢复了脸上的平静。

"难道这宽阔的秦淮河畔也是你家老爷的？"我微微一笑，反唇相讥。

管家的脸色有些尴尬，一股恼羞成怒之色随即显现出来："来人，把这个不识好歹的女人给我抓起来。"

我不再言语，只是脸上有些讽刺的笑，这朱恒远当年被我拒绝，今日定是要显显威风，好好羞辱我一顿。

"你们干嘛？放开湘兰姐。"素素的脸色有些惨白。

"没事，素素，你先回去吧。"我安慰她道，我心里有数，这个朱孝廉是不会拿我怎样的，只是想出口恶气罢了。

庭堂之上，昔日的爱慕者早已变成了府尹大人，这是我第一次面对面看见他，他的头发已经花白，流逝的往事像是浮萍一般慢慢爬升上来，当年的逐妓令也是拜他所赐，今日的莫须有之罪也是源自于他，看来我终究是与这个大人牵扯不清了。

"你就是马湘兰？"他一双眼睛上下打量着我，"这么多年只闻其名，未见其人，人人都说马湘兰与众不同，今日一见，也不过徒有虚名啊。"他的手抮着嘴角边的胡须，脸上露出一副傲慢与得意之色。

我不禁微微一笑，甚至觉得他有些可怜，当日被我戏弄之后，一直耿耿于怀，这日，终于有了这样扬眉吐气的机会，也可尽显他府尹大人的威风。

"你笑什么？"被我一笑，他的脸上有些不自然。

"我笑我自己，府尹大人，不正是由于当日的徒有虚名，才造就了我今日的莫须有之罪吗？"我话锋一转，他的脸色顿时难看之极。

"朱大人，我也已经快四十岁了，你也到了这样的一把年纪，难道当日我的无心之失，你还要耿耿于怀？当日我年幼无知，今日算是给你赔礼道歉了。"我一弯腰，作了一个揖，人总是到了一定的岁数之后，才会明白很多事情，相逢一笑泯恩仇吧。

"这……"他不再说话，只是看了我一眼，像是瞬间被戳中了心事，"罢了，罢了，你回去吧。"沉湎在昔日仇恨中的他瞬间像是一个泄了气的球。

花非花，雾非雾，半夜来，天明去，来时春梦几多时，去似朝云无觅处。
一切都这样结束吧。

几个月之后，秦淮河畔举行了盛大的诗文会，我也作为座上宾被邀请了去。

这一日阳光极好，我穿了一件别致的青衫，好久没有参加这样的宴会了，心里有些莫名的激动。只是令我没有想到的是，我这一举结识了很多名媛丽姝，我高兴得无法言语，这么久的郁闷之感一扫而光。

她们来自不同的地方，也有着不同的遭遇，可是我们之间却有着很多的共通之处，我们出身并不高贵，可是我们却普遍的被上流社会所接受，我们周旋于富商和官府之间，我们像是被这个世界所接受的另类人群，我们大都有着深不可测的社会关系，却又被这个社会所唾弃与厌恶着，这一群来自天南地北的夫人，在宴会上各秀才艺，又惺惺相惜，我们无所不谈，那一刻我觉得这么久的抑郁终于消失得无影无踪了。

我忽然想起曾经的秦淮明艳陈天素来，便询问起众姐妹来，我虽未见过陈天素，却十分仰慕她的才华，曾经专门研究过她的画艺。

"一年前，她已埋骨秦淮畔了。"不知道是哪个姐妹说了一句，我的心瞬间冰冷到极点，原来这人生竟然是这样的倏忽易逝，我不禁又一下子联想到了自己的身世，一层悲雾便快速蒙上来，我想起了她以前画的那些神态逼真的花鸟，如今作者已逝，不禁令人悲从中来。

而我的命运呢，又将何去何从？

第三节　王稚登铩羽而归

已是初夏时节，我伏在幽兰馆里独自遥望着别院花开时的青草春深处，心底有些伤感。我已经三十五岁，虽然容颜改变不多，却早已是大龄的年纪，直到如今仍然孑然一身。我忽然有些想念佩儿，我不知道此时的她过得好不好。其实我知道，秦公子这个人我是极放心的，他会对佩儿好的。

天气有些闷热，我看着大片大片的阳光，眼有些睁不开，阳光是那样的艳丽，像极了我曾经的生活，而如今……想到这些，我粲然一笑。偶尔有一丝风吹过来，树叶便快速抖动，好似为了减轻身边的暑意。那些青翠的阳光透过斑驳的树影照射在鹅卵石上，留下一具已经支离破碎的容颜。

重返幽兰馆之后，身边又换了一个小丫头，名字叫梨儿。小丫头十四五岁的样子，动作很是麻利，只是少了些佩儿的灵气，生活是那样的寂寥，还好有雪娇的陪伴。

雪娇也住在金陵，马车也不过一个时辰的车程，她怕我寂寞，时常带着小儿来看我，她的儿子已经七岁，那是我第一次见予含。

那一日我正在堂前弹奏古琴，自从上次在太湖，琴弦断掉之后，我便再未抚琴，一回到金陵便找了琴行的师傅来修，换了琴弦之后，一切如新。

寂静的午后，门外忽然想起了孩童纯真的笑声，声音是那样的清澈，就像扑棱扑棱的鸟叫声，一下子就划破了这安宁的夜空。

我抬眼一看，只见一个小人儿笑嘻嘻地站在门口处，咬着指头，迈着小步子向我走来，身上穿着一件紫色的袍子。他看着我，我一阵欣喜，起身蹲在他的身旁。

"琴声真好听。"他歪着脑袋看了我半晌，只是这样说。我是极爱小孩子的，若是在寻常人家，想必现在的我已是几个孩子的娘亲了，想到这里不禁有些心酸。

"你是谁呀？"我微笑着牵起他的手，他也不反抗，只是笑盈盈地看着我。

"我是予含，我七岁了。"我笑着牵着他的手，让梨儿带了些精巧的吃食给他。

"那么，小予含，你是从哪里来的呢？"我边说话边示意他可以随意去挑选，他脸上的笑意更浓了，抓了一把便吃起来，好一个不怯生的小人儿。

"我从马车上来的。"他眨着忽闪忽闪的大眼睛。

"你读书吗？"待他吃完，心思方定，我便跟他玩起来，他小小的人儿却机灵得很。

"我不爱读书，我爱抓蛐蛐。"

"抓蛐蛐？"

"你别告诉我娘亲啊。"他像是忽然意识到什么，嘱咐起我来，我连你娘亲是谁都不知，又怎能去告知？

"我母亲要我背《论语》，背不过就不让我玩儿，可是为什么要背《论语》呢？"说起读书他似乎有些无奈，便开始踢身边的鹅卵石，"要是孔先生不写《论语》就好了，那样我就不用背了……"果然是童言无忌。

"你院子里的花好漂亮。"他忽然看见了我院中种的杜若和兰花，眼睛一会儿便被吸引过去了。

"那我为你折一枝好不好？"我温柔地问道，"那枝怎样？"我指着不远处一枝攀岩的凌霄花。

他的眼神瞬间被吸引过去，声音有些微微的小霸道："我要那枝！"

我便走过去伸手为他摘下，他拿着这一支小黄花在自己的身上比划着，欢乐地笑起来。孩子就是这样容易满足，一朵小花都能让他觉得快乐，若我也是这样就好了。

有那么一瞬间我微微有些走神，看着予含我就想起了自己，恍惚间阳光照在了琉璃的房屋上，折射出淡淡的光，这样晴好的天气看着这个孩子我竟也有了些欢娱。

"哈哈哈……"一阵熟悉的笑声，是雪娇妹妹。一看见雪娇，小予涵便一下子扑到雪娇的怀里，带着稚子的撒娇喊"娘亲"，我明白了，予含便是雪娇的爱子。

"好啊，你们两个居然合起来骗我，"我佯装生气，却是满脸的笑容，一只手握着雪娇，一只手握着予含，这样的母子真的让人羡慕。

"含儿，快叫兰姨娘。"含儿也着实听话，雪娇一说，他便像模像样地请起安来，我不禁被逗笑了。

"快起快起，一见面就行这样大的礼。"我忽然想起什么来，一把摘下自己脖间的长命锁戴在含儿的脖子上，这是我出生时母亲为我戴上的，这一带已三十几年。

"使不得，使不得，我自幼便见姐姐带着，有一次不小心碰了一下，姐姐使性子几天不搭理我，今日却把这么贵重的礼物送给含儿……"她环视了一眼幽兰馆，"这幽兰馆还是当年的样子。"或许是想起了以前的事情，她轻轻地叹了一口气。

"含儿，你跟这位姐姐去玩好不好？娘亲要和兰姨娘说些话。"她看了一眼梨儿，梨儿也不过十五六岁，两人也不过相差七岁。

"好。"含儿点了点头，便任由梨儿牵着去玩，好一个听话的孩子。

"兰姐姐，从上次太湖一别，三年又过去了，怎么不见佩儿啊？"她问道，我便把佩儿留在太湖的事情告诉了雪娇。

"佩儿果真是一个重情重义的女子，留下也好，秦公子对姐姐用情至深，这我是看得出的，佩儿留下也算是对秦灯儿的一个慰藉了。"她脸上有些微微的变化，"兰姐姐，我今日是来告诉你一件事情的，王公子回来了。"

王公子回来了。有时候很多事情不用千言万语，只消几个字便可以让人心潮澎湃。

"前几日，我夫君说在金陵遇见了他，原来我夫君早年间便认识他，回来无意间说起，说遇见了一位故交王公子，我随口一问，哪个王公子？他说王稚登，我险些被吓到，这天底下竟然有如此巧合之事。"

"那也不关我的事了。"我承认，我这样说只是为了掩饰自己内心的兴奋与恐惧感，没有人知道此时的我，表面的心如止水下早已暗流涌动。

第四节　移居姑苏畔，思念巧成行

日影西斜，每次说起他我便是无可抵抗，这么多年亦是如此。

我披上一件大红色的披风想去看看昔年我们相遇时的地方，昔日的繁花似锦，今日秋千早已败落，此时正是落日西坠，所有的一切都像是被镀上了一层金黄色，只是此刻的我，早已没有了往日的心境。当日的青草如茵，今日也早已经颓败，在黄昏的幻境之下，像是一头苟延残喘的野兽，一切都停止了。

忽然，一切都像是静止了，我的身边似乎有一个男子，他气宇轩昂，腰间别着一支玉笛。

箫声咽，秦娥梦断秦楼月。秦楼月，年年柳色，灞陵伤别。乐游原
上清秋节，咸阳古道音尘绝。音尘绝，西风残照，汉家陵阙。

那琴声是何等悠扬，此生我还能听见这样的笛声吗？

此时晚霞满天，天空中的落日被黄昏所吞噬，这样的晚霞正如我们初相遇时一样明艳动人，三十年过去了，只是一切都已物是人非。

天色欲晚，云彩渐渐变成了暮色，仿佛是沦陷了一般，让人有种无法喘息之感。那一日，我被下了逐妓令，也是在此地，他给了我莫大的鼓励，他一个举人为我一个青楼女子挽马……

我木然片刻，寂寞如斯。

"兰儿，是你吗？"

熟悉的声音，我的心下狠狠的一颤，竟是那魂牵梦萦的声音。大约是

起风了，枯枝上的一只鸟叽叽喳喳的叫起来，欢快得像是敲着鼓点，只是那鼓点竟像是生生地敲在了我的心上。

我转过头去，心里默默地诵祷着经文，想用梵音来压制住自己内心的激动。或许，最淡然的表情才是最合时宜的，毕竟，二十年在弹指间已经过去了。或许这世间真的有心有灵犀一说，人生的种种百转千回，也不过是一场戏罢了，只是我这戏子一入画，便已经千年。

这样的重逢或许是乍然的。许久未见的两个人忽然又遇见，还是在当年我们初遇的地方。"兰儿"，这或许已经是旧时的称呼了，只是，这一切却又是那样的亲切，让人一下子有种恍如隔世的感觉。

我看着他，此时的我已经三十五岁，我记得他长我十四岁，这样算来，他已四十九岁。他老了很多，鬓角边已是微微泛白了，他的目光也不再似从前那般明亮了，多了一些虚浮，眼角边上全是密密麻麻的细纹，时光就是这样残忍，让一个温润如玉的男子变成了一个老头。数年的光影就这样不断地变换着，时光过得那样快，让我来不及细细回味。

而他眼中的我，定然也不再是从前的模样了吧。

"王公子……"脱口而出的还是旧时的称谓，只是语气中有些悲凉。

我与他一别已是十八年。

我们就这样看着对方，沉默着。从他离开我的那一刻，我的躯体便如死掉一般，纵使花开花落，我的心里已经没有了春天。

"这些年还好吧，"还是他先开了口，"你还是从前的样子，而我……"他自嘲地笑了笑。

十八年太久，我觉得有千言万语要对他说，可是却又不知从何说起。

"我去幽兰馆看你的第二日，我便去了京城。这么多年在京城当官也不易，尔虞我诈，华发纵生，上月才得以辞官回乡，今日路遇此地过来看看，却没想到遇见了你。"他的背有些微驼，满脸的倦容，想来在京城自然也是受了不少排挤，我不禁有些心疼。

"王公子也该好生休息休息了。"我神色哀婉如垂柳一般。

"兰儿，那日你也太倔强了，为何九千岁的事情不与我说？"他这样一说，我的心底不禁有些微微感叹，心里一股气升上来，与你诉说？与你诉说又有何用？想起这些，我的眼神不禁黯淡下来。

"过几日我便要去姑苏定居了。"他缓缓地说道。

又是离别，为什么每一次的相聚，带来的都是离别，这难道是我永远无法逃脱的宿命？只是，我不甘心。

各自道别再也不见，本以为这是最后的结局。

却未曾想到，第二日一早便看见王公子出现在幽兰馆，一切都是那样的突兀，我的心怦怦地乱跳起来。

外面西风正紧，霍霍的西风好似狂奔而来的巨兽，仍旧是桂花酒，我和王公子坐在酒桌前，几杯酒下肚，尴尬之感瞬间全无，气氛瞬间变得轻松起来。我伏在榻上，转首举起酒杯微微一笑，盈盈向眼前人道："王公子，请饮完此杯。"彼时，我们也是这样一起喝酒谈笑。

他拿起酒杯一饮而尽："酒不醉人人自醉。"

我亦轻轻地唱道："良辰美景奈何天，赏心悦是谁家院。"

一切都还是当年的样子。

第六章 独守寂寞，铩羽而归，不成白头亦无悔

135

第五节　鸿雁传书

一叶幽兰一箭花，孤单谁惜在天涯？自从写入银笺里，不怕风寒雨又斜。

这似乎便是我人生的写照了，王公子再次离开了我，定居了姑苏，能连接我们的必将是一封一封的信笺了。

我常常坐在兰花盛开的案几前，用清秀的小楷描绘我现在的生活，就像是在与一个老朋友聊天一般，只是我在金陵，他在姑苏，这中间隔了几千里。有时候一时间兴起便说我去姑苏看你吧，他常常笑笑说不必了，就这样多年的姑苏之情也未成。

我喜欢书信中的王公子，他的字迹飘逸洒脱，深情款款，而我有时也会像初坠情网的小女子般娇嗔，我唤他为二哥、二郎。他有时回信也笑称我为妹，我常常怀抱着信激动不已。

偶尔实在想念得紧了，我便会随意的找个借口，说是姑苏的料子比金陵的好，他并不常常见我，只是会派人来给我送些诗画或者是绸缎，我都接受了。

这一日，睡起。做了一个小香囊，便提笔道：

昨事恼怀，不可胜言，恨不能借北方朱旗星剑，摄提此恶，以雪忿耳。日来作何状，早已令僮往马府奉候，有一帖大翠，想入目矣。满拟日必过馆中，不意又作空想。奈何奈何。十年心事，竟不能控，此别更不知相逢于何日也。自做小袋一件、绉纱汗巾一方、小翠二枝、火燫一只、酱菜一盒奉上。又乌金扣十付，致夫人。又兰花一卷，匆匆不堪，俟便再从容图一卷寄上。不尽之情，惟君量之量之。途中酷暑，千万保重，以慰鄙怀。

临行不得一见，令人怅然，不知能同此念否？至吴中千万调图书寄我，幸毋相忘。至嘱至嘱。玉体千万调摄，毋为应酬之劳致伤元神也。玄儿叩首拜复。百穀二郎亲目。早有束致足下，幸查明复我，千万千万。

没有人知道我在写这些文字时候的心情，我为他做了香囊，却不敢直言。只说为其夫人所做。我有时候会讨厌自己，为何要这样的执拗，信中的我像是一个絮叨的小妇人，一再的叮嘱他要保重自己的身体，反复地嘘寒问暖，我明知王公子的身边，早已有女子为他做这样的事情，可是我却偏执地非要自己去说去做。

我们再也没有提起嫁娶之事，我终究也不敢想了，我已经四十有余，年轻的时候王公子都不愿意娶我，更何况是现在我这一把年纪了呢？每每想起这些我便惨淡一笑。这样的生活也未尝不好，至少他也会记挂着我。

我也常常会想起佩儿，梦中常常会梦到她，她的笑是那样的动人，想来现在也过得十分的幸福吧？窗外的兰花开了一波又一波，墙角边上有一株石榴花，明艳动人，照在薄薄的窗纱上，仿佛是平静的睡眠上浮着些幽兰，帘子微微一动，进来的是梨儿的身姿，她总是喜欢着那样朴素的衣裳，却无法掩饰她吹弹可破的皮肤。

"小姐，吴江少年郎又来拜访小姐了。"她一提起这事，我便有些无奈。

我已是四十岁有余的夫人，若是寻常人家孩子应该也有这么大了，跟这样的男子见面，我总觉得会有些尴尬，于是回绝了多次，不想今日又来了，我轻轻的回绝了一声："不见"，继续欣赏我庭堂上的小鱼。

"夫人，少年的名帖。"梨儿低头看了一眼，便放在了案几上，我索性不再理会。

第二日，又是如此。

我听得外面一阵喧闹，便喊了梨儿："梨儿，外面什么事情，这么吵。"

梨儿的步伐是那样的欢快，脸上也有些欣喜："夫人不知，又是那少年郎，我们幽兰馆的大门外，被那少年郎布满了兰花，那兰花比咱们幽兰馆里面还多！"

　　她这么一说我似乎也来了兴致，倚身门栏处，只见人头攒动，再仔细一看，是一片兰海。

　　　　婀娜花姿碧叶长，风来谁隐谷中香。
　　　　不因纫取堪为佩，纵使无人亦自芳。

　　这乌江少年的确有心，我忽然想起他前几日送来的名帖，终于在一片废纸间找到了，上面已有些灰尘，我撕开一个口子拿出名帖，只见上面写着"王穆远，乌江人士，久闻湘兰姑娘大名，欲拜之。"几个大字写得倒还不错。

　　我无奈地笑了一下，这王穆远果然是个有心之人。

第七章

深院飘梧，人间离合意难期

相离岂有相逢梦。门外马蹄尘已动。

笙歌留醉醉时听，远目不堪空际送。

今宵风夕知谁共？声咽琵琶槽上凤。

人生天物此多惨，江水不深山不重。

第一节　吴江少年花簇幽兰馆

秋风渐起，小院里的几株梧桐在秋风中瑟缩着，不多时便有一两片叶子飘落下来。我站在窗边，看着院子被这些残败的枯黄一点一点覆盖，心里不由得有些烦闷。拢了拢有些松散的发髻，我唤来侍弄花草的小丫头："把这些枯叶儿都收拾干净了，一眼看着都是些颓败样子，越发没有生气了。"小丫头低头应着，随即看我一眼，见我面上淡淡的，这才大着胆子说道："要不奴婢搬几盆兰花来吧，夫人您不是最喜欢兰花吗？上午王公子刚送来几盆极好的墨兰……"小丫头在我淡漠眼神的凝视下不由得噤了声，我挥挥手让她退下，揉了揉太阳穴，愈发觉得心里闷得慌。

这王穆远还真是执著啊，我心下苦笑，起身进屋。

来自乌江的王穆远年方 19 岁，随一长须老者游学至这秦淮之地，谁曾料想这样年少气盛的少年郎执念竟如此之深。自那日来我这"幽兰馆"坐了坐，便三天两头往这儿跑，各种各样的兰花更是每天必送，我原想着年轻人新鲜劲儿过了也就罢了，然而王穆远眼中隐隐的炽热火焰让我忍不住心惊。

那日王穆远第一日来我这幽兰馆，也是我初次见到这个执著的少年。他面相生得极好，一举一动皆是大家公子的做派，我有些疑惑这样出色的年轻人为何还会来我这日渐冷清的幽兰馆，他却仿佛看出我的疑惑，朗声笑道："早就听闻秦淮河畔的马湘兰夫人清丽脱俗不似凡人，今日一见，果然传闻不假，甚至可以说不夸张半分。"我含笑不语，那都是多年以前的传闻了，如今我已年过半百，再怎么风韵犹存，怕也是人老珠黄了。

他见我只是微笑，又说道："听说夫人颇爱兰花，小生便着人带了几盆来，还望夫人不嫌弃，若是能讨得夫人一幅墨兰图，那可就真是我的荣幸了。"说着便目光灼灼地看向我，眼神里有隐隐的期待。

那日我兴致颇高，便也就画了一幅赠与他，他自是欣喜万分。后来几日，便时时来我处小憩，时间一长，我便觉得不妥。

这样白马轻裘的年岁，不应该在我这日渐冷清的幽兰馆消磨。我心下有了计较，随手披了一件外裳，吩咐下去："若是王公子再来，就说我身上不爽快，这几日闭馆。"

以为这样就能清净几天了，然而我还是低估了王穆远。

这日清晨，天光正好，我兀自坐在铜镜前梳妆。镜子里的人早已不复当年的明眸皓齿，眼角的细纹在窗外透进来的天光下若隐若现，鬓角的白发已经很难用青丝遮住。我按下心中的酸涩，沾着乌发精油梳理着鬓角，梳了两下又觉得烦躁，摔下梳子随意地挽了个髻，再也不想看镜子里面容颜憔悴的自己。

对镜梳妆，如今却没有了心思。女为知己者容，我的知己者，此时在远方未必牵挂着我，况且我这一天天憔悴老去的面容又怎么能入得了他的眼呢？每天独坐在这无人的幽兰馆中，再活泼好动的人怕是也要幽静如兰了。

"夫人，王公子送来的兰花要搬到窗下吗？还有，王公子听说您身上不舒服，又着人送了些补药来。"小丫头一一禀报。

我把手浸在玫瑰花汁兑的温水里，柔和的水熨帖着我的双手，我不由得感慨，女人终究是爱美的。听着小丫头的禀报，我又有些心烦："随便搁哪儿去，别让我看见。"小丫头唯唯诺诺地退下，我看着窗外渐起的寒风，若有所思。

王穆远，你的耐心究竟会到什么时候呢？

一连七日，王穆远的兰花和补药每日都会按时送来。劳他这样的挂心，我心里烦躁，嘴角竟生了烂疮，饮食也没有胃口，渐渐地按捺不住，我决定见他一面。

第八日，我不再以身体不适的理由推辞王穆远。王穆远见到我，自是万分欣喜。

"夫人身体可大好了？"一步踏进正厅的王穆远面露喜色，毫不遮掩地觑着我的脸色。我也不理他，只面色淡淡地把玩着手腕上的玉镯。他见我不语，亦是一哂："夫人不说话，小生便当是夫人默认了。夫人爱兰，正巧前几日小生寻得一些兰花，便想着送来与夫人一同赏玩，谁曾想夫人竟病了有些时日。不知道夫人喜不喜欢那些兰花？"

我听他如此说，不由得冷着脸色说道："兰花倒也罢了，只是我从来不知道王公子这样做学问的人竟如此清闲，每日来我这幽兰居倒是勤快。"王穆远见我讽刺他，倒也不生气，悠悠笑着说道："有美人在此，哪有心思做什么学问？"这话说得轻佻，我不由恼了，冷笑道："这话说得蹊跷，我这幽兰居哪里有什么美人呢，无非是年过半百的黄脸婆罢了。喏，就这些小丫头还是水灵灵的，若是王公子喜欢，向我讨了她去也就罢了！"王穆远见我真的恼了，急忙辩解道："哪里就是黄脸婆了？夫人的美貌谁也比不上，何必说这样的话让人刺心？我虽然年纪小了点，可也不是什么都不懂的毛头小子，我的心思我自己知道，只怕别人不知道胡乱把我的真心践踏了！"我被他这么一说，倒是有些想笑，自己居然跟一个比自己年纪小了一半还多的人置气，真是越活越回去了。

这样想着，便冷静了下来，温言说道："王公子，别说你的心思我不想知道，就是我知道那又能如何，我长你好些岁数，也不是一条道上的人，王公子你前途无量，若是在我这荒废时日，怕是辜负了你老师的用心。"

我直视着王穆远，看着他的神色逐渐由急切到悲哀再到执拗，心里叹了一口气。

"我不管，我就要在这幽兰居里，就要看着夫人。夫人说我年纪轻，那夫人定是不会叫人赶我出去的，夫人怎么可能和一个小孩子计较呢？"我实在是没想到王穆远会这样说，当下一愣，尚未反应过来，王穆远已经上前拉住了我宽大的衣袖，轻轻拉扯着，竟含了几分撒娇的意味："小生

143

寻得的兰花都是名贵的品种，夫人若是不喜欢，这兰花再名贵也就失去了它的价值，真是可惜啊。"嘴上说着可惜，眼睛却直直地望着我，可怜兮兮的模样还真像个孩子。这下我无奈了，王穆远说得对，我还真不能把他怎么着，原以为我这样说会让这个少年死心，不曾想这王穆远竟耍起泼皮来，最烦心的是，我还确实拿他没办法。

无奈地将衣袖抽离他的手心，冷下脸来："那王公子请便，我就当是借了个地儿给王公子安置兰花了。"说着便走进内室，再也不管他。

午膳的时候，下人禀报王穆远还没有离开，竟是一上午就在正厅，还着人把兰花都搬来。我又气又无奈，午膳也没心情用了，想了想还是命人准备了午膳给王穆远。

王穆远人不坏，就是执著了点，况且还只是个孩子，无论他如何饶舌，在我眼里，他始终只是个 19 岁的少年。而这正是事情的难办之处，少年懵懂不知事，我哪能苛刻于他？然而这般执拗不愿离开的性子，又着实让我烦心，真是打不得又撵不得，哄人又不是我会做的事，只好等他腻了自己主动离开了。

然而直到下午王穆远才离开，这样僵持着就过去了三天。

我的精神日渐不济，用膳没有胃口，睡眠也不好，连身边伺候的丫头都说这样下去始终不是个办法，偷偷去劝了王穆远几次，仍是无功而返。我又何尝不知道这不是长久之计，只是苦于没有办法，让这个执著而任性的少年死心罢了。

第二节　湘兰巧试少年郎

虽然我不怎么待见王穆远，可他似乎毫不在意，每日在幽兰馆逗留，也不觉得闷，我瞧着他自得其乐的模样，突然计上心头。我唤来管家，细细吩咐了几句，管家应声，便下去准备了。

这日，王穆远又带了好几盆兰花来，搬到正厅又让人准备了笔墨纸砚，似是想作画。我步入正厅的时候，就见到他凝视着一盆倒垂的兰花，迟迟没有落笔。

还未等我靠近看，竟有几个模样粗鲁的人闯了进来。那几个人皆着粗布衣衫，面相狰狞，后面跟着一脸惊惧的老管家。

"你们！你们强闯私宅！究竟想做什么？"管家又惊又怒，呵斥道。那几个无赖丝毫不惧："我们要做什么？你们夫人欠了我们一大笔的银子，我们讨债来了！"说着就向我走来，其中一个说道："夫人让人在外面拦着我们，难道是想赖账不成！"

我正想开口，却见王穆远从后面站出来，将我挡在身后，冷声道："几位好好说话便是，这番无礼恐吓一位女子，岂是君子所为？"我暗自摇头，这少年果然年纪太轻了，这些亡命之徒又怎么会把君子之道当回事。

果不其然，那几个人听得王穆远如此说，皆是一愣，反应过来便大笑不止。王穆远见他们这般嘲笑，语气不善道："你们笑什么，不过倒是我高看你们了，像你们这般的地痞无赖，又怎么会懂君子礼仪？"

这么一说，那些人也怒了，其中一个长得高大的汉子甚至走上前推了王穆远一把，王穆远一个趔趄就往后面倒去，我站在他身后，眼见着他向我这边倒来，心中一阵惊慌，一时竟反应不过来。

预期中的撞击并没有来临，我定睛一看，王穆远正单手撑地，脸色惨白。我低呼一声，惊慌失措地扶起他，定了定心神，冷声向那几个无赖道："我欠你们的银两自然会如数奉还，还请你们再宽限几天。"

"宽限几天？夫人您这就过分了，要不到债，我们可怎么过日子？欠债还钱，天经地义，您已经拖欠好久了，究竟有没有银子还说不准呢！"刚刚推王穆远的那人甚是得意，趾高气扬地说着。

我压着心中的怒火，忍着声道："欠债还钱天经地义，确实没错，可是我这段时间确实手头紧，还希望各位能行个方便。"我想我的脸色定是极为难看的，话说到最后，竟带了几分颤抖。

没等我缓过来，另一个人又开口了："夫人可是这秦淮河畔出了名的美人，这个方便当然是可以的，就看您有没有诚意了。"那人的话里尽是猥亵之意，我听得直皱眉。

"夫人这幽兰馆，也不是我们想进就进的，不过既然来了，总不能就这么离开吧，夫人不如陪我们几个乐乐？"这话说得颇为露骨，我又羞又怒，呼吸都急促起来："登徒子岂敢放肆！"

又是一阵猥琐的大笑，却被一个清朗冷酷的声音打断："夫人冰清玉洁，岂是尔等杂碎可以觊觎的！欠你们的银两我替夫人还了便是，你们休要猖狂！"我转头，只见说话的正是王穆远。

王穆远年纪虽小，却生的一番俊秀模样，青衫羽冠，折扇轻摇。这样俊朗的一位玉面书生，如今发起怒来，竟也让人觉得有些恐怖。只见王穆远面色阴沉，嘴角紧紧地抿着，虽然仍是俊朗的面容，但是此时的王穆远却一点书生气都没有了，任何人都看得出来，他已经到了暴怒的边缘。我暗叹一声，谁说百无一用是书生，惹急了，谁都可以反咬一口。

那些人似乎被这样的王穆远给震慑住了，一时竟不敢接话。过了片刻，才有一人壮着胆子支吾着说道："她欠我们的银子可不是小数目，你个穷书生还得起吗？"

"就是，年轻人可不能说大话，在女人面前充好汉也要看有没有这个本事揽下，否则就是笑话了啊，哈哈哈！"又有人接口道。

"本少爷有没有这个本事揽下这笔债不是你说了算！阿盛，你速速去我的府邸取一万两银子来！"王穆远狠狠地瞪着刚刚说话那人，眼神里尽是轻蔑和怒火。

旁边的小厮似是有些为难，磨蹭了好久才硬着头皮说道："少爷……这……这恐怕不妥吧……""让你去就去，废什么话！难道本少爷做的决定还要你同意么？！"王穆远冷哼道，斜眼瞟了那小厮一眼。那小厮被王穆远这一眼瞪得浑身瑟缩，只好赶忙退下，看样子是去取银子了。

我心下暗叹，千算万算，实在是没算到这看上去纨绔不羁的王穆远竟会为我做到这一步，但是戏总是要演下去，我只能尽人事，一切看天意吧。当下便冷着脸说道："多谢王公子美意，可是我并不想领你的这份情。"

王穆远一怔，很快反应过来，直视着我，皱眉说道："我没打算让你承我什么情，只是见不得你受人欺负。"

王穆远的声音柔柔软软，像陈年美酒那般，带着些许甜香，带着些许诱惑，也带着些许苦涩。我心下一软，再也说不出什么伤人的话来。他直视我的眼神并没有移开半点，那黝黑的眸子里，有各种说不明道不清的情愫在氤氲，我不敢再去看他，只是低头不语，心思百转千回转了一弯又一弯。

没过多久，小厮便取了银两回来了，那些人看着沉甸甸的雪花银，呆愣地说道："夫人只欠了五百两银子……"

王穆远点头："阿盛，拿五百两给他们，可别数错了！"说着便剜了那群人一眼，他们也不敢多说什么，唯唯诺诺地点头，拿着阿盛点好的银子便灰溜溜地离开了。

我仍然不敢看王穆远，我害怕看见他的眼神，会一不小心就沦陷进去。

不是不感动的，孤寂了这么多年，虽然每日都是笑着的，可是又有多少是真心的呢？逢场作戏，笑脸相迎，时间长了连自己都分不清，我何时才是真正快乐的。而我如今早已过了少女怀春的年纪，感情与我来说只能算是一种慢性毒药。我曾予一个人真心，后来才发现一切都只是我自己的痴恋罢了，那个人，又何时把我放在心上？

王穆远，你这般待我，我又能许你什么呢？你还这样年轻，而我已经年过半百，我再自私都不能毁了你的前程，怪只能怪老天开得玩笑太大了些，若是能早些年遇见，若是……罢了，这个世间哪里会有若是呢？

我压抑着心中的苦涩抬头笑道："劳王公子今日费心了，改日我定将银两悉数奉还，耽搁了许久，想必王公子也累了，不若早些回去休息……"

"你就这么急着赶我走吗？"我的话被王穆远打断，他的声音里尽是孩子气的委屈与凄惶："我知道你一直不能接受我，我的年纪小，你定是觉着我见识浅薄，所以总是不愿理我，只是这不是我能决定的。书上果然说的是极对的，君生我未生，我生君已老……"

我见他越发自伤，忙打断他："又一味浑说了，再这样我可真不理你了，到时候可别怨我。"我看见王穆远眸子逐渐燃起的光亮，终是不忍心说狠话，只是那光亮刺得我眼睛生疼。

明知道这是一条歧途，却一味地往里钻，伤了自己，也耽误了旁人。只是如今，我只想让这少年开心一些。

这日，我留了他在此用膳，自己陪坐了半晌，连日来心里的不爽快一时间竟皆数散尽，晚膳用了好些，心里不知是悲是喜，实在理不出头绪，干脆不想了，罢了罢了，就当是应了那句"及时行乐"吧。

第三节　幽兰馆内恩爱长

第二日王穆远再来的时候，我真是没有什么理由赶他离开了，也就随着他去。王穆远送兰花倒是送的极热心，送来的兰花不仅都是名贵的品种，而且每一株都别具特色，煞是好看，果然是极用心的人。

我确是极爱兰花的，喜欢兰花的幽雅，喜欢兰花的清香，那样超凡脱俗的美，是我穷尽一生都追求不到的。

我正仔细地看着一株墨兰，却听见王穆远带着笑意的声音："我在桥东置办了一套房屋，夫人你看什么时候有时间就可以搬去了。"我一听大惊，半信半疑地问道："房屋？搬去？"王穆远对我惊讶的态度很是不以为然，认真地看着我道："我是觉着，这幽兰馆虽好，然而不太安全，若是还像昨个儿那样，任何人都能闯进来，那太危险了。"

我一怔，心里暗恼，也不知道是恼自己偷鸡不成蚀把米，还是恼王穆远多管闲事。然而，这也是王穆远的有心之处吧。一时竟不知道要说什么，悲喜交加，只能露出一个苦涩的笑容。

第三日，王穆远又提及搬家之事，我无奈之下，咬牙说出了那天的安排："其实那天那些来要债的人，是我找管家出去雇来的，只是演一场戏罢了。那日他们的所做所言，皆是我授意的，我没有欠谁的银子，也没有谁如此大胆亦没有必要闯进我这冷清的幽兰馆，这下你可明白了？"我一口气说完，也不敢抬头看他，只是觉着心里像有什么被剜去了一般，空荡荡的，让我一阵又一阵地难受。

他一定对我很失望吧，一定想不到我竟会设计这样的骗局逼走他。我按捺下心底的酸涩，正准备命人送客时，我听见了王穆远温和的声音："那又如何？夫人爱看戏，我自当陪着，夫人要看一辈子的戏，我都愿意陪着。"

我不敢相信地抬头看他，眼前仍然是面容清秀的少年，浅浅的笑意，深深的温情，我心底蓦地一软，泪水就流了下来。

一个风和日丽的上午，我搬到了王穆远置办在桥东的房屋。

房子和我之前所住的幽兰馆有异曲同工之妙，院子里有几株长势甚好的梧桐，另一边是各种品种的兰花，郁郁葱葱，格外喜人。我欣喜地打量这一切，心里甚是感激王穆远的体贴和用心。

屋子里的家具一应俱全，连点的熏香都是素日我爱用的。梳妆台前摆放了几个首饰盒，我打开一看，里面尽是些精致的首饰。粗略看了一下，我便小心地将它们收拾好，仍然放在原来的地方。

我坐在梳妆台前，铜镜里仍然是日日见老的我，我苦笑，再美的首饰又有什么用？逝去的韶华再也挽不回，而这些光亮的金簪步摇也只会衬得我愈发憔悴和衰老，女人最大的敌人就是岁月，它带走我的青春容颜，带走我的爱恨嗔痴，却还未带走我的性命。

我现在又是在做什么呢？在一个比我年龄小一半还多的少年的房子里，我竟然尚不觉得羞耻。我本就是一介风尘女子，名声早就视为身外之物了，而王穆远却是风华正茂的少年郎，可谓是前途不可限量……

脑子里正胡思乱想着，王穆远进来了我都没发觉，直到他出声我才反应过来："这里还喜欢吗？不习惯是肯定有的，时间长了就好些了，有什么不满意只管同我说。"我怔怔看着他，又怔怔地点点头。愣了几秒才反应过来："一切都好，只是这些首饰，与我来说，太奢华了些。"

他笑着摇了摇头，拉开一张木椅坐下，笑看着我说："夫人还总嗔我一味浑说，分明是夫人自己爱浑说，这些首饰只有夫人这样的美人才配戴，也只有戴在夫人身上，才能显示出它们的美。物是死的，人才是有神儿的，夫人可不能一味地妄自菲薄。"

我见他如此说，也不愿意驳他的兴致，只好笑了笑，不做声，看着窗下的兰花发愣。

良久的沉默，我似是听到了王穆远的叹息声，极轻极缓，让我听着不由得心酸。

"我知道你一时无法接受我，我不着急，我可以等，我会让你知道我对你的感情，绝不是那些纨绔子弟的玩笑。"王穆远的声音坚定而沉重。我回望着他，深深地点了点头："我信你。"

要我怎么狠下心去拒绝这样一个时刻为我想着的人？我也只是一个单纯的想要得到爱的女子，即使我已经不再年轻。而这个人不计较我的年纪，不计较我的身份，那我还要计较什么？生命只有一次，也许这会是我一生中做得最错误的事，却也会是我一生中最不后悔的事。

王穆远的眼中闪着柔柔的光，似乎要把我融进那温柔的光里，我笑了，是极度欢喜的笑。

日子开始变得生动起来。这间房子虽然布置得跟幽兰馆类似，气氛却是迥然不同。阴郁的气氛消失了，寒冷的日子，室内却温暖如春。

这日午后，我在书房里仔细地描画着一幅一叶兰。一叶兰是我最擅长也是最喜欢的一种画法，空灵清雅的一朵兰花，悠然地被细长的一片长叶托着，轻飘飘又仿佛极有分量，我甚是欢喜，刚要把墨迹吹干，王穆远便走了进来。

"夫人画兰的手法真真是越来越精纯了，这一叶兰甚是好看！"他赞赏地笑着，我含了浅浅的笑，低眉不语。这些年来，称赞我画儿的人绝不在少数，甚至有些是达官贵族，然而却没有像今日这般听着顺耳，虽然知道他的话有一半是为了讨我开心，却仍是忍不住高兴。

他见我不说话，又说道："夫人就像这高洁的兰花，本就是生在高山之巅这样的险地，如今能让小生一赏芳泽，实在是我三世修来的福气。"我见他说得夸张，笑着嗔道："好好一个做学问的人，不去读你的圣贤书，净在我这儿饶舌来了，话说得好听，只怕就像天边的云彩，飘飘就没了。"

他佯装不懂，奇道："夫人才高八斗，小生只是奇怪，为何这真话总是好听呢？难道旁人编排的假话就难听吗？"我忍不住地笑，王穆远见我笑得厉害，忙拍着我的背，柔声道："本想博你一笑，这下可好了，笑笑就算了，仔细笑岔了气。"

他温柔地抚上我的眉角，我惊慌地抓住他的手，侧过脸不想让他看见我眼角的细纹。他倒也不挣脱，依然是暖暖的笑容："怕什么？我对你的心意，可不只是这张面容。湘兰，你为何不信我？"

这是王穆远第一次唤我"湘兰"，我面上一热，口中却赌气道："谁怕了，反正人老珠黄了，你能看上真真是瞎眼了。"

王穆远果然是少年性子，一下子就急道："我再不许你说自己老了，你就当我眼瞎了吧，我可是预备瞎一辈子的，你可不能嫌弃我一个瞎子。"

我听着他撒娇卖痴的胡话，却不觉得刺耳，伸手替他理了理头上的玉冠，看着他俊秀的脸庞，幸福感油然而生。

然而，这幸福的背后，是隐藏着的不安和恐惧。不是不相信王穆远对我的真心，可是我仍然害怕，我怕这样美好的日子会烟消云散，我怕别人对王穆远这样待我的行为指指点点，我怕我们没有将来。虽然一遍遍地告诉自己，就这样守着他便好，然而对明天的担心却一日胜过一日。每个夜晚，看着窗外透进来寒星冷月的光芒，孤寂感和深深的不安一起侵袭着我。幸福来得太突然，我措手不及地接住这样的幸福，却还想再抓得紧一些，又害怕这幸福会像手心的流沙一样，抓得越紧流失得越快。

我不敢让王穆远发觉我的不安，只能每每暗暗安慰自己，一切都是我多想了，也许，我们可以平安喜乐到岁月的尽头。

第四节　马湘兰拒做少夫人

这样的日子一晃便是半月。天气渐冷，一向畏寒的我连白日也离不开暖炉，王穆远便令人把我的房间熏得暖暖的，再点上淡淡的熏香，这样整个房间便有了春天的味道。

"怎么手还是冰凉的？着了风寒可怎么好？"王穆远握着我冰凉的手指，皱着眉说道。我看他紧张的模样，笑道："哪就那样娇贵了，一向如此，一入冬手脚就是冷的，这么多年，习惯了也就罢了。"

他仍是皱眉，仔细地看着我的脸色道："脸色也苍白的，明个儿我去请个大夫来瞧瞧吧，总是这样，仔细冻出病来。"他的口气不容置疑，我也就没有再拦着，笑笑说他担心过头了。

他揽着我去前厅用膳，膳食都极为精致，可是我的胃口并不好，这更加坚定了王穆远要请大夫来看病的决心。"难怪越发瘦了，就用了这么一点，是不是不合胃口？"王穆远皱眉看着一桌子精美的膳食，问道。我无奈地笑道："膳食很好，是我自己胃口不好罢了，不要费心思了，过一阵子就好了。"

他见我说得这么轻描淡写，不由得急了："怎么能不把自己当回事呢？这身体上都是相通的，胃口不好，肯定是什么地方不舒服，而且事关你的身子，怎么能不费心思？你真真是要急死我啊！"

说着也不等我回应，就忙唤来下人，吩咐道："去请大夫来，记得请最好的！"我心下一暖，再也不愿阻止他。这一生能这般被人关心，被人爱着，被人当宝贝一样捧在手心，我还有什么不满足的？

一顿午膳却用了有些时候，用完膳，王穆远便陪着我在院子里散步消食，怕我受了风，还特地去取了灰鼠锻大氅让我裹着。院子里的梧桐在寒风中委顿不已，王穆远若有所思地对我说道："明年开春，我让人移几棵合欢来，你觉得如何？"我心下一惊，旋即面不改色的笑道："这梧桐我瞧着就很好，做什么要巴巴地移几棵合欢来？"

他没发觉我的不自然，依然噙了温和的笑："凤栖梧桐木，我这根木头已经引来了我的凤凰，如今只有这合欢树最能应景了，况且，合欢的寓意也是极好的。"我看向他，他清亮的眸子里蕴含着一丝戏谑和狡黠。我佯装不懂他话里的含义，只是玩笑道："我就不喜欢合欢花的模样，轻飘飘的，没有一点分量，风一吹就跑了，还不如这梧桐看着舒服。"说完便看向他，一抬眼便是他宠溺的笑："不喜欢就算了，全听你的就是了，只一样，你要应了我。"

我疑惑地看着他，只见王穆远的神情突然认真起来，他一边握着我冰凉的双手，一边认真说道："湘兰，我想了许久，我想同你成亲。"

仿佛是过了好几年的时间，我才反应过来王穆远说了什么。成亲，这个词在我听来好遥远。

"湘兰，我不是一时兴起，我很早就有这样的打算了，嫁给我为妻，你就不用再担心我对你的心意是真是假，我想让你幸福，也想让你安心地享受这份幸福。相信我好吗？我没有同你玩笑，我是认真的！"王穆远的话有着别样的坚定和急切，我知道他是怕我拒绝。

原来他什么都知道，他知道我每天的惶惶不安，只是，王穆远，你可知道，我嫁给你，你会有怎样的后果？

我看着王穆远焦灼的模样，不忍心也实在不愿意拒绝，只好说道："你让我考虑考虑吧。"说完，我再也不敢看向他，转身离开了。

今夜无星无月，只有寒风凛冽地吹着，院子里的梧桐被吹得瑟瑟作响，我的心思便也在这寒风中，越飘越远。

只要我再自私一点，是不是就能得到我想要的幸福和温暖。王穆远手心的温度，暖和得让我不想放手。我多想再把这份温暖握得久一点。只是，我不能毁了王穆远的一生，与其将来他恨我拖累了他，不如现在放手，他还会有大好的人生，还会遇到喜欢的女子，那个女子，定会是温婉贤淑的，而我，不过是他少年旧事中轻狂的一段记忆罢了。我不由得苦笑，果然在这里待久了，连自己的身份都快忘了，我一个青楼女子，怎么配得上风华正茂的王穆远？即使王穆远坚持，而我也为了自己的私念同意与他成亲，与我也只是在本就不洁的名声上再添一些罢了，而对他来说便是落人口实，从此沦落为街头巷尾茶余饭后的笑话谈资，这样的后果，是我万万不愿看到的，我怎么能为了一己私念，让王穆远为了我一意孤行众叛亲离呢？

王穆远，你一定要幸福，于我来说，只不过是回到认识你之前罢了，毕竟已经过完了凄凉的半生，以后再怎么寂寞，都是可以笑着应对的。

泪终于一滴一滴地落了下来，打湿了我的脸颊，打湿了王穆远亲自为我掖好的被角。一夜未眠。

原以为流了一夜的泪就不会难过，然而第二天见到王穆远时，我才明白所谓的心如刀绞。我把指甲狠狠地掐进肉里，死死地控制着不让泪水落下来。一口银牙几乎咬碎，这才冷着神色道："我不会嫁给你的。"一句话似乎用尽了我毕生的力气，说完我便转身，生怕被王穆远见到我苍白的脸色和紧咬出血的唇。

尚未来得及离开，我就听见了王穆远沙哑痛苦的声音："为什么？为什么要拒绝呢？你还是不相信我对不对？告诉我……究竟要怎么做你才愿意相信我是真心的……我把心剖出来给你看好不好？"

我又一次将指甲掐进肉里，可是整个人除了心口的刺痛似乎完全麻木了，我强迫自己狠下心来，心里一遍一遍地对自己说，不能害了他。

"王穆远，你觉得我要如何相信你？你莫要忘了，我是青楼女子，青楼女子本来就是无情的，你有没有想过，你娶了我会如何？这秦淮之地的人都会知道，我一个年过半百却不知廉耻的风尘女子，勾引年轻俊朗的游学才子，这样的骂名为何我要承担？我自在逍遥了半辈子，不想被你锁在这里。"狠着心把这些话说完，我心底泛起一阵又一阵的苦涩，仿佛是有

155

千万条虫子在一点一点蚕食着我的五脏六腑，呼吸都觉得疼得慌。

"我会和你一起承担……"

"我不要！"我几乎是用尽全力大喊，说完便再也受不了了，颤抖着身子强撑着回了自己的房间。

我没有回头看依然伫立在寒风中的王穆远，我怕我看到他凄惶的模样，我会心疼。

死死地咬着下唇生怕自己压抑的哭声会被王穆远发现，我看着铜镜里泪流满面的自己，突然觉得我一下又老了十岁。容貌是一个女人最在意的，然而此时此刻，我却希望就这样老去。

对不起，对不起，王穆远，原谅我自己做主帮你选择了最好的路，也许你会怪我，也许你会恨我，但是这是我唯一能为你做的了。

突然便想起那天王穆远说的那句话，君生我未生，我生君已老，当时我还笑嗔他混说，没想到如今竟一语成谶，只不过，我和王穆远相差的，远远不止这半百的年纪，哪怕我和他的心是这样的亲近。

心里空洞一片，我不知道我这样做究竟对不对，只是我知道，为了他，我已无法回头。

第五节　瑶阶独立目微吟，睹瘦影凉风吹着

我回到幽兰馆的那天，天空下起大雪。这是今年的第一场雪，晶莹剔透的雪花一片一片地从遥远的天空落下，温柔地，无声地，像极了我的思念，阳光下终究消失殆尽，毫无踪迹。

我没有去跟王穆远告别，我想他也是不愿见我的，相对无言，相见亦是一种煎熬，不如就让这段情随风飘去，多年后偶尔飘入梦里，还能有一份温存的回忆。

"夫人，小心着了风寒。"身边的侍女为我撑着一把油纸伞，帮我挡住飘雪。我却固执地推开她："没事的，这雪是极纯净的，冷了点又何妨？"那个侍女还要再劝，我已向前走去，她只好拿好包袱跟上来。

我并不是刻意自苦，只是真的爱极了这雪，白茫茫的一片，没有任何其他杂色的点缀，让我没由来的一阵安心，多日来的不郁似乎也消散了些。白雪皑皑，我多么希望自己能变成这万千雪花中的一片，干干净净的过完一生，虽是寒冷的温度，却温暖了冬天。

我记得来时是和王穆远一起走的这段路，当时我还笑话他也不嫌麻烦，幽兰馆和这新置办的府邸离得很近，搬来有什么意思。他却说就是因为怕我嫌麻烦，所以择了这近处的府邸，要是住不惯这儿，去幽兰馆小住也是极方便的。

当时的温存软语似乎还在耳边，然而谁曾想到今日我会独自回我的幽兰馆，一念至此，脚下的路突然就变得坎坷起来，每走一步，都像是有锋利的刀子划在脚掌上，痛苦不堪。

深一脚浅一脚地在雪地里行走，待到了幽兰馆，鞋袜早已被雪水沾湿，

冰凉的触感就像我心底的温度，透骨生凉。

我看着幽兰馆中熟悉的摆设布置，不由得心里又是一酸。院子里已经积了厚厚的雪，梧桐树的枝桠似是承受不住了积雪的重量，"哗啦"一声，积雪全部倾倒覆盖在了地上。

侍女见我迟迟不进屋，只是呆愣地看着梧桐树出神，以为我心疼这梧桐，忙笑道："管家早就让人给这梧桐裹上了草绳，夫人不用担心，倒是快进屋吧，刚刚落了一身的雪，再不进屋暖暖身子，可就真的要着风寒了。"说着便轻轻拂去我肩上的雪花，扶我进了屋。

果不其然，当夜我便不舒服，晚膳也没用就躺在了床上。然而总是怕冷，全身如坠冰窖，盖了两层被子还是一味怕冷。第二天便发了高烧，高烧烧得我口干舌燥，似是把身体所有的水分都蒸干了。迷迷糊糊地知道管家请了大夫来给我看病，又迷迷糊糊地被人喂了药汁，这才沉沉睡去。

朦胧中做了好多梦，梦里好像是回到了我年轻的时候，一群人簇拥着我，一起赏兰作诗，谈笑风生。突然他们都极为惊恐地看着我，然后大喊着逃开了，我不知所措地看向屋内的铜镜，一下子看见镜子里面容枯槁的自己，不由吓得头皮发麻，猛然醒来，才惊觉这只是一场梦。

嘴里尽是药汁的苦涩味，想开口说话，只觉得喉咙疼得厉害，嘴唇也干得快要裂开，一旁侍立的侍女见我醒了，忙端过一碗水喂我。我就着她的手喝了几口，嘴里的苦涩被清水冲淡，然而心里却愈发苦涩了。

想起身，身体却虚弱地动都动不了，不禁感叹自己的身子大不如前了，想必我现在的面容就像梦里那样，枯槁而面无血色吧。

我就这么在床上躺了两天，每天都喝下苦涩的药汁，只觉得整个人跟个药罐子差不多了。身子虽然没痊愈，但也可以下床走动了。于是我唤来管家，吩咐道："去打听一下王穆远的老师，若是方便，务必请他来一趟。"管家似是有些犹豫，道："夫人您的身子还没好，这样操心……""我的身子我自己清楚，你去请就是。若是他推辞，就说是与王公子有关。"我打断管家的话，顺便又添了一句。管家微微叹气，应声退下了。

第二日晌午，管家便回报，王穆远的老师来了。我理了理衣衫，重重地叹了口气，这才向会客厅走去。

既然已经拒绝了王穆远，那么就要让他断了这些心思，而最简单最有效的办法，就是让他离开这里。这也是我请老师来的目的。

我步入屋内，只见一长须老者正站在屋内，眼神放空，不知在看向何处。我走上前淡淡地施了一礼，便直言道："先生愿意前来我这幽兰馆，想必是知道我和王公子的事情了。"

老者似是极温和的人，含了一抹慈祥的笑意说道："老夫只是穆远的老师，至于他的其他私事，老夫概不过问。"

我也笑："先生这话就不对了，你指导王公子做学问，自然是希望他能学富五车，将来挣个好前程，那就不能不过问他的私事。"

听得我如此说，他便捻着胡须，端详着我。我亦不做声，只是和他对视着，没有半分退缩与胆怯。许久，他才放声大笑："夫人果然不是寻常女子，那么既然夫人已经想清楚了，老夫还有什么理由不帮自己的学生呢？"

我暗叹一声，不是寻常女子吗？所以注定没有寻常女子才能得到的爱情？而我是多么希望能做一个寻常女子，这辈子看似风光无限，实际上，我过得太累。

他这么说，自是知道了我的想法，当下我也不绕弯，认真说道："王公子年纪轻，阅历尚浅，如今为了我颓废至斯，不是我想看到的，想必也不是先生愿意看到的。男儿志在四方，儿女情长也需找对了人。王公子游学至此也有段时间了，先生是时候带着他离开了。"尚未说完，我便扭过了头，不想让他看见我眼中的湿润。

"哎，英雄难过美人关，何况穆远这个痴儿！虽说夫人是为了穆远的前程着想，但在老夫看来，夫人实在是委屈了。"老者的声音沧桑而深沉。

我偷偷掖了掖眼角，尽量让自己的声音听起来自然些："难为先生怜惜，只是湘兰实在是不愿彼此都落人口实，一切只看先生的了，先生睿智，定是有办法劝他离开这伤心之地的。湘兰还有一事相求，此次先生来我这幽兰馆，还请先生不要多言……"

老者还是捻着胡须，慈眉善目的模样，点点头道："这是自然，那么老夫也不叨扰了，夫子好好养身子，风寒虽小，若是不仔细，也是要闹出大病的。"

"劳先生挂心，您慢走。"我微微躬身，送走了这个心如明镜的老者。

老者刚离开，我便再也支撑不住，一下子颓坐在木椅上，心底升起一股薄薄的凉意，浸透了全身。

了却了这一桩事，我就安心在幽兰馆养病，此次风寒来得凶猛，缠绵着总不见好，身子折腾来折腾去，越发虚弱了。

我虽一直在病榻上养病，但仍然命管家去打听了王穆远的动静说与我听。起初几天，王穆远还是每日饮酒，颓废不堪，再后来便好些了，虽然仍是终日眉头紧锁，愁容满面，但已经有所好转。再后来，听说王穆远变卖了所有的府邸，随着他的老师往下一处游学去了。

我就知道，先生不会放任自己的学生不管，先前只不过碍于我不便多管罢了，真是个睿智的老人，同时 也是那样的慈祥和宽容。

王穆远离开那日，我正在房里画一幅墨兰，只是笔力不均，气力不够，终是无法画完这幅墨兰图。看着宣纸上浓淡不宜的墨色，我的泪终究没能忍住，一滴一滴打湿了宣纸，氤氲开大团大团的墨迹。

一切都过去了，十年之后，他一定又是另一番出色的模样，只是我还有多少年岁能够在这幽兰馆默默地守候？春去秋来，于我只不过抬头低头的差别，时光荏苒，我只不过是世间被人遗忘的尘埃。不如归去。

第八章

不问天公何日老，但求人间留芳魂

自春来、惨绿愁红，芳心是事可可。日上花梢，莺
穿柳带，犹压香衾卧。暖酥消，腻云亸，终日厌厌
倦梳裹。天那。恨薄情一去，音书无个。

早知恁么，悔当初、不把雕鞍锁。何鸡窗，只与蛮
笺象管，拘束教吟课。镇相随、莫抛躲，针线闲拈
伴伊坐。和我，免使年少光阴虚过。

第一节　君子之交淡若水

秋风清，秋月明。落叶聚还散，寒鸦栖复惊。相思相见知何日，此时此夜难为情。

深秋夜微凉。月沉沉，光晕泠泠。

隔着敞开的轩窗，我独自一人斜倚榻上，望着西斜渐坠的月，不知不觉，又是一夜！

一个人如此度过这样漫漫长夜，于我而言早已不是什么难事。二郎奔赴京都之后的这许多日子里，我逐渐习惯了这样的夜，想他的夜。我仿佛一个沉溺于爱河的女子，满怀的情思都激荡着二郎的身影和风姿。明明已经知晓终不能与二郎耳鬓厮磨，携手并肩度今生，然而，思念的蛊咒依然像千千蛛丝网一般将我缠绕。我，挣不脱。也不想挣脱。

檀郎一别关山后，闺中独守望月人。

二郎，即便此一去关山万里，此一去经年别月。即便娇妹不能与你一起把酒畅怀，不能日日请郎画眉绾青丝……只要能与你一同沐浴这一番月光，二郎，四娘心中，已是足够！

我知道二郎此次京都一行颇为不顺，虽然他久未来信诉说，奈何青楼楚馆本就是信息最为畅通之所，天南地北，多少信息从此处流经。我虽然日日幽居幽兰馆，却也不是消息闭塞之辈。只是，一别三月余，二郎竟是片言只字未有。为何，我这几日竟生出惶惶不安之感？

浅啜一口桂花酒，这还是二郎未奔赴京都之时，他与我共同采摘今秋第一捧桂花酿下的酒。只是如今，酒已成佳酿，良人缘何未归？

　　思及此，我竟忍不住手捧双肩，埋首薄衾，双眼濛濛，泪珠儿忍不住盈眶……鸳鸯瓦冷霜华重，翡翠衾寒谁与共？二郎，二郎，这锦丝罗衾还是你当初赠于我挡寒所用，可若你不来，我留衾何用？不过睹物思人，对衾徒伤。

　　二郎，如此良夜，你可如我思念你一般思念于我？

　　我醒来的时候已是日过正午。虽时已将入冬，今日的太阳却丝毫没有森凉之感，明媚鲜亮的仿佛自云端洒下了万丈佛光，晒得人由内而外都是暖洋洋的。轻蹬软罗靴，我看着榻旁零落的红泥小炉，残余的半壶桂花清酒，以及四下散落的冰釉裂纹玉露杯，不禁扶额，昨夜，竟是又醉酒了呢！

　　"小婵，小婵"，我高声唤过我新晋的小侍女。

　　小婵是前不久我选中的侍女。她本是幽兰阁二等的小丫鬟，奈何有一副清亮的好嗓子。前段时间我闷闷不乐时躲去后园饮酒，不期听到她唱曲儿，音色甜净醇美，酣畅饱满，让人耳目为之一新。我记得自己当时带着满脸喜色冲到她面前的时候，小丫头一脸惊慌的表情，实在是太让人难以忘记了！

　　幽兰馆也是时候培养新人了！想起心底深藏着的那个秘密，我眯了眯眼，更加坚定了对小婵的培养，以及幽兰馆未来的发展。

　　我这厢尚沉浸在旧思当中，小婵已经应声而进了。

　　唉，想二郎离去之后，我这时不时恍神的毛病倒是越来越圆润自如了！轻抚额头，我心中不禁暗自哀叹一声，这样日夜沉思，恍惚度日，可还是这秦淮河畔豁达不拘的马湘兰么？思及此，我终是从自己的思念之中挣脱出来，吩咐小婵准备车马，且去外面转转看看。

　　十里秦淮河，灯影桨声喧。出了幽兰馆往南百米，便是金陵城最繁华的应天大街。因为紧挨秦淮河，应天大街两畔金粉楼台，鳞次栉比。特别是傍晚之后，秦淮河畔画舫凌波，桨声灯影，处处氤氲着妩媚之色，宛如半掩轻纱粉妆素裹的娇娘，朦胧中带着几分妩媚。十里秦淮畔，十里绕珠帘。烟笼寒水月笼沙的秦淮河畔，总是探听消息最灵动的地方。

我坐着油壁香车，不发一语。小婵也安静地坐在我身侧，一副想说话却又不知道说什么的样子。我知道她是不想我这样再次来到这灯红酒绿声色鼎沸的青楼楚馆之地的。自从我有意无意地提拔她为贴身侍女，并且时不时指点她唱曲舞袖之法后，她就愈发死心塌地地约束着我，并且隔三差五地在我耳旁唠叨，不许我醉酒不许我强颜欢笑。她总是说我是个好人，善良的人要被人呵护。善良的人么？我还记得自己第一次听到她对我这样的说法后，微微呆愣那一刻时，心中百转千回的忧伤和思念。善良，我永远都忘不了最初的最初，我还是马府的四小姐的时候，我还有着疼爱我的娘亲，哀叹而遗憾的父亲和祖母的时候，我还不知道青楼倚笑竟是未来四娘注定的路时，我还努力学着琴棋书画只为可以换来父亲粲然一笑的关注时，也有那样一个人，青衫儒袖，纸扇纶巾，言笑晏晏地望着我，"姑娘神情开涤，吐辞流盼。心性良善，实堪风范！"

是的，在她还是那样一个稚嫩少女时分，曾经就有一个那样微笑晏晏，轻摇折扇，星眸神采的男子，夸赞她良善。那样一个人，在她少女时分遇到的、向往的男子，便是她宁愿一生追随的二郎啊！

想起尘封已久的往事，我竟是忍不住又要泪水迷蒙双眼。然而最终，我还是微微扬起头，丝巾轻拂薄面，沾染去眼角所有激荡不去的泪珠儿。我是马湘兰，秦淮河畔仗义豁达的马湘兰，如兰般傲立、倔强，隐忍的马湘兰。

悄悄拭去眼角萦绕的泪水，我重新整饬了妆容，将所有的思念和悲伤都沉浸于心底最深处。素手轻轻拂过车窗前的竹纱帘，车速平稳，转眼就要到达我此行的目的地，也是秦淮河畔最有名的怡红快绿地——桃叶居。

小婵先灵巧地跳下马车，然后转身过来扶我。我再次伸手扶了面纱，确定妆容无误，便挽扶着小婵伸过来的臂膀，也下了马车。避居幽兰馆数月有余，此番再次踏入这块繁华地，我不由地抬头四下张望了几眼，十里秦淮河果然还是一片灯红酒绿，桃叶居也一如既往的人流拥挤，客流不息。

我和小婵相携步入桃叶居，日已西斜，一楼大厅里早已坐满了人。殷勤的小二看到我们到来，躬身快步迎到身前。小婵已经俏声要了个包厢，并快步挡在我前面。这个丫头，从来都是担心我被人窥了去。

我和小婵随小二上楼。包厢位于北侧，打开雕花镂空窗扇，外面便可轻眺秦淮河。碧波荡漾，画舫辉煌，十里河畔蔓延着层层叠叠的青柳和夹竹桃。游人如织，青衫碧裙，才子佳人们纵情玩乐，让人也不由自主的沉溺其中。

我向小婵微微点了下头，小婵会意，自向小二脆生点了壶菊花酒，叫了几样小菜。我散散半卧坐于小榻之上，没有胃口吃些什么，手中微微晃动着青盅，满脑子却只想着要怎样帮二郎达成他的愿望。

包厢的门并没有闭紧，一楼鼎沸的人声通过门缝便能传进来。不是我矫情抑或做作，抛不开所谓的女子贤德，抛头露面去打探二郎的事情。我本就是这秦淮河畔青楼一女子，即便自己开了幽兰馆，即便得文人雅士所敬爱，也改变不了自己是一个青楼女子的事实。如今二郎北入京都寻求仕途，我不能给予他什么帮助，却也不能大张旗鼓的探听他的消息。狎妓对于文人而言，可以说是风流韵事，却也可以说是道德败坏。我不能因为一己之思念就不管不顾二郎的前程。所以，我只能如此这般悄悄打探他的消息，哪怕，心中的思念已然泛滥成灾！

我回过神来，微微朝小婵点点头，小婵明白我的意思，悄悄出了包厢。我捡起竹筷，漫不经心翻捡了几下，实在吃不下东西，便搁置了筷子，依旧端着浅盅。杯中菊花酒清澈芬芳，我仿佛看到二郎遥望于我，对酒当歌少一人，二郎，数月未见，你竟是狠心如斯，半点消息也不通么？

恍惚间，眼中竟是又要弥漫泪珠儿一般。我蓦地仰起头，一把将盅中清酒倒入喉中。拼命将眼中弥漫的水汽咽去。包厢的门吱呀一声响，小婵回来了。

她抬头看向我。我微红的双目尚未散去，不过知晓她进来了，我也终是拂去独自一人时的软弱，将手中的青盅放置于桌上，"可安排好了？"我轻声问她，氤氲而略带嘶哑的嗓音竟是连我自己都吓了一跳。

小婵也微微愣了一下，不过终究是个沉稳的姑娘。不过短短一息功夫，她便已经回过神来，躬身向我福了一下，言道："是，都安排好了。"

说完，她轻快上前，将桌上我散落的竹筷、倾斜的青盅摆放整齐，然后退至我身侧，不再多说一语。我也没有说话，只是努力倾听从门外传来的声音。一时间，包厢内寂寂无声。

不过一会儿，只听得一楼说书先生一声惊堂木，开始了今日的说书。这说书先生本是桃叶居请来的，每日均在桃叶居开堂说书。偶尔也会暗暗讨论几句国事。秦淮河畔本不乏文人雅士，得了先生开的首端，总是有不少人讨论国事。再加上南来北往之人带来的流动信息，可以说，这桃叶居算是十里秦淮消息最灵通的处所了。刚刚我让小婵出去，便是请了平日相熟的一位书生，托他代为询问几声北上京都的信息，希望可以引来听客们有知道京都消息的，可以多说几句。

这厢我聚精会神地探听着楼下动静，那位书生也果真不负我所托，趁着说书先生讲到广纳人才之事迹时，长吁一声，感慨当下，竟也果真引得两位客商出言，说起前段时间京都的消息，而那个消息，我竟是希望自己从来没有来过这桃叶居，从来没有呕心沥血，百般布置，只为求得二郎一个消息……

消息说，宰辅徐阶手下有一批文人，多排挤外来文士。二郎王稚登因为是金陵北上一派，故而更是被百般排挤，满腹才华无所施展。据说一直困潦，满腹才华不得施展。楼下还在高声谈论些什么，我已听不到了。我只知道，我的二郎，满怀欣喜北上以求一施抱负的二郎，竟是如此的艰难。时不我待，岁不我待，我的二郎，命途如此多舛的二郎！

我不知道自己是怎样离了桃叶居，怎样上了马车回到了幽兰馆。我满

第八章 不问天公何日老，但求人间留芳魂

167

脑子都是二郎郁郁不得志的模样。他似乎在遥远的天边望着我，他眉眼迷乱，满腹委屈，他本是一腔热血满腹豪情，如今竟也被困于派系之中，不得冲天一飞……

我知道我是伤心的。我本以为，即使我不能与他相携白首，但他这一去，鲲鹏展翅，必将以偿所愿。那么即使从此天涯两隔，我也含笑也淡然。生不能相携而老，那么总可以尽所能，远望他一展才华，拼的此生无憾。可谁想，他竟是如此，多艰，多难！须知，那是我的二郎，我恨不得剖心相待的二郎啊！

回到幽兰馆，我痴痴不言，也不饮不食，小婵竟是被吓坏的模样。可是她又不知道该如何劝慰我，只好一个劲儿地叮嘱我喝茶，吃粥。入夜，清冷的月光铺洒满地，月凉如水，我披衫而立，海上生明月，天涯共此时。我终是不再自怨自艾，沉溺于悲伤。因为我知道，此时的二郎需要的不是我的安慰，但我也不能什么都不做。

第二天，不等小婵进来唤我，我已早早拾掇妥当。小婵进来服侍我洗漱时，我把昨晚写就的信交给她，让她送出去。

那信，是给二郎的。不管他今生何在，命途多舛，我都是他的娇娘。秦淮河畔，幽兰馆中，我都会等我的二郎。

信交给小婵之后，我也不再日日饮酒浅醉。幽兰馆闭馆多日，我之前一直挂牵二郎北上的行程，多日不曾理会馆中事务。甚至连对小婵都没有指点过。前途不可知，但我，豪气干云的马湘兰，永远不会因为这些许未知的命运而一直困顿萎靡。我心中有一个梦想，我的人生中还有故事未曾实现，这些都需要我努力去做，一点点，一步步，向着心中的那个角落，前行……

给二郎的信发出去之后，我便没有再刻意外出去打探过二郎的消息。我知道二郎心高气傲，他不会喜欢让人看到自己的落拓。我要做的，便是静静站立在他身后，做一朵解语花，等待他的归来。此生不能执手同归，四娘唯愿拼尽一生所能，偿你所愿。二郎啊二郎，你之所愿，我便赴汤蹈火而为之；你之所不愿，我必赴汤蹈火以拒之。若不这样，怎能说我爱你？只要你要，只要你愿，只要你开怀！

时光如白驹过隙，转眼已是岁末。

自从上次给二郎的信件送出后，我便没有再频频去信。我将自己的心剖给他看，他愿意，我便送上。他若不愿意，我又怎能死乞白赖地赖着他。我要的二郎从来都是满心满眼欢喜着四娘的二郎，而不是怜惜一个叫马湘兰的青楼楚馆女子的那个二郎。

所以，即使音信杳渺，即使鸿雁一去无消息，我也不怪他，不恨他。

岁末的金陵城，寒意逼人。幽兰馆新编排的歌舞分外诱人。这段时间以来，我白天便是指点小婵曲艺，间或去看看馆中新编排的歌舞。听小婵说，前几场演出，竟是宾客满座，场场叫好。我听了也不过一笑，这浮生啊，总是这样若梦，在你不经意的期间，忽然就氤氲了起来。

这天是小婵她们新歌舞演出的第三场，地点就在秦淮河畔，距离桃叶居不远的红尘栈。白天小婵已经在我耳边絮絮叨叨地念叨了一天，想要我也前去散心，顺便看看她们排练的成果。左右无事，我便答应了。

酉时刚过，戌时初刻。我披了披风静坐于红尘栈二楼角落处的一角包间，手旁是小婵兴冲冲专程为我冲泡的香茶，并三五小点心。一楼散客已经坐的水泄不通，二楼包厢似乎也各有专主。歌舞尚未开场，我索性敞开了篷窗，任由天地间丝丝凉意侵了进来。

"话说如今这局势，宰辅把权，我等也只能安于此一隅，听听曲儿，看看歌舞喽！"

恍惚间，隔壁似有男子声音响起，那话语随着冬日寒风，飘入我这边的包厢。我隐隐约约听过，忽然间一个机灵，不知为何，我有感觉，感觉得到他们交谈的内容必定是和二郎有关的，我能感觉得到，他们必定知晓二郎的状态。于是我凝神静气，悄悄浅步上前，走到半开的篷窗前，侧耳

169

倾听那边的对话。

"谁说不是呢？想你我，虽是区区书生，却依然想要为国尽力。可如今这朝堂，唉……"说着，那人微微停顿了一下，像是饮了杯酒，"你们应当也知道王稚登吧？就是夏末十分北上京城，受邀前去编修国史的那位，前段时间也离开京城了。"说着，还忍不住唏嘘了数句，"听说也是郁郁不得志，四处受到排挤。无奈，只好铩羽而归了。"

"啊？王兄竟也离开京城了？"这是又一个人的声音。

"可不是！想当初，赵志皋大学士亲身举荐，谁不以为稚登兄此一去必可大展宏图，鹏程万里。谁能想到会是这种结局呦！"

"唉，所以说，世事无常啊！"

"那王兄现在离了京城，也没见回来金陵啊？"这是又一个声音。

"据说王兄现在在姑苏吧！似乎是在那里安顿下来了。"

……

那厢后面又说了些什么，我其实并没有听清。小婵她们的歌舞什么时候开始的，我也没有留意到。"据说王兄现在姑苏吧！似乎是在那里安顿下来了。"我的耳朵里一直在回荡着这句话。姑苏，姑苏，二郎回来了，却没有给我片只言片语，没有来再看我一眼，没有来与我告别，什么都没有，只有举家搬往姑苏……

小婵她们的歌舞表演结束的时候，我已经恢复平常了。不是早就知晓二郎的心意了么？不是早就明白二郎不可能与我相伴今生的么？不是早就懂得此生无缘吗？不是早就做了决定将这一切深藏心底，唯愿二郎平安和顺的么？那么，我还纠结些什么，还遗憾些什么，还抱怨些什么？

陪小婵她们回到幽兰馆，欢颜鼓励了她们几句，让她们下去歇息，我便也回房了。我需要规划下自己未来的路，以及去姑苏的行程！

是的，我要去姑苏一趟。二郎虽然做出了他的决定，我虽然也明白他的选择。但是，明明知道二郎此次北上之行颇不顺遂，明明知晓二郎此次实为失意而归，我无法做到假装不知晓，假装不在意。即使二郎避居苏州，我也只是想要去看看他，只是看看他。

无关婚配。无关其他。

只是单纯的，四娘去看望，那个照顾我多年的二郎！

姑苏距离金陵并不遥远。然而那样的距离对于我这样一个女子而言，却是第一次孤身奔赴远途。去之前，我没有告知二郎。甚至对金陵一干旧友，也未曾言明去向。踏着冬日的寒气步入姑苏城的时候，正是新春。我仅仅带了小婵，行走在陌生的姑苏城。我们暗中悄悄打探了二郎的府第，午时刚过，我们已经到了王家附近。都说"近乡情更怯"，为何我这不是归乡，心中却也充盈着数不清的胆怯？

我拉住小婵，犹疑再三，还是没有上前叩门。我们躲在王家府第距离不远处的一家酒肆，我望着那个近在咫尺却又远在天涯的院落，犹疑，徘徊，胆怯，思念……各种的情思混杂在一处，我不知道该要何去何从…

姑苏之行的最后，我终究没有去叩响王家的大门。我和小婵待在那家酒肆，静坐了一个下午。最终，还是转身离去，行归金陵。

二郎，从他第一次说出"脱人之厄因以为利，去厄者之者几何？"的时候，从他北上京城鸿雁无书的时候，从他悄归姑苏未有音讯的时候，我便明白，二郎，终究只是青楼楚馆马四娘处的二郎，而不是良人二郎！他欢喜，我便陪他欢喜；他远离，我便陪他传书。所谓的爱意与欢喜，不就是喜他之所喜，行他之所愿么？

二郎，如果这是你之所愿。那么，我给！

从姑苏回来金陵后的第一件事，便是轻碾墨，慢铺笺，给二郎写了一封信。信中再未提及携手共白头之语，只是诉说听闻他南归后的欢喜，以及金陵的一些旧事。果然，在这封信笺去后不久，二郎的回信便也翩然而至……

自此，鸿雁传书，一传，便是二十余年……

"十年心事，竟不能控，此别更不知相逢于何日也。自做小袋一件、绉纱汗巾一方、小翠二枝、火燫一只、酱菜一盒奉上。又乌金扣十副，致夫人。"

"遥想丰神，望之如渴，心事万种，笔不能尽……会晤无期，临书凄咽，惟心照。"

"文驾此来，满拟倾倒心事，以酬千金之意。不意命蹇多乖，遂致大病伏枕，惟泪沾沾下也。闻明日必欲渡江，妹亦闻之必碎，又未知会晤于何日也。具言及此，悲怆万状。倘果不遗，再望停舆数日，则鄙衷亦能尽其万一也。"

我可以与他倾倒心事，细说情怀。我可与他遥寄自制的小袋和绉纱汗巾，更可以给他的夫人寄送各种小玩意儿，可以倾诉心中的忧苦，唯独不可以提及彼此都心知肚明的相携一生。我的感情如山高似海深，我的感情如窖藏佳酿沉郁厚重。然而，如果你不肯接受，那么我必不会强求。金陵与姑苏，四娘与二郎，就让所有的距离都消散在一纸书信中吧。没有山重水复的追问，没有排山倒海的表白，所有浓郁如酒般的爱，统统被十里秦淮河过滤掉，如月光透过花叶，筛下安静的疏影。清淡的友情，常年的知己，舒适的暖昧，遗憾的旧爱……无论你做何想，单恋也罢，友情也罢，微风乍起也罢，涟漪无端也罢，我最爱的二郎啊，感情总是先于命名。面对思念，即便是混入了另外的期待和想象，我也愿意成就一场你想要的随意和潇洒。

时时对萧竹，夜夜集诗篇，深闺无个事，终日望归船。

二郎，你虽不想归来，我却依旧愿日夜守候！

第二节　　王稚登七十大寿

深院飘梧，高楼挂月，漫道双星践约，人间离合意难期。空对景，静占灵鹊，还想停梭，此时相晤，可把别想诉却，瑶阶独立目微吟，睹瘦影凉风吹着。

时光如水，岁月如梭。转眼已是耄耋老矣！

自从姑苏归来，与二郎书信相交，不觉间竟已匆匆二十余载！

二十年间，金陵城繁华依旧，秦淮河畔灯火依旧。桃叶居的说书已经固定为每日下午。红尘栈的歌舞表演，也多由小婵带领的姑娘们承下。说到小婵，她已经不是当初那个紧紧跟随着我的小丫头。二十余年，当初的小丫头已经成为幽兰馆对外的第一人。

而我，当初名动金陵的马湘兰，终是老了！

是啊，我已经耄耋老矣。虽然时光有爱，似乎未曾在我容颜上留下岁月的痕迹，但我终究是老了。幽兰馆的马四娘，一半是海水，随波逐流不问归处；一半是火焰，静静自燃思念的甜蜜与痛楚，品尝那番寂寞的喜悦。

这二十年间，金陵与姑苏的距离，分割的仅仅是两个未曾相见的人记忆中不变的容颜。暮去朝来，芳华尽老。笙歌寂寞，酒意阑珊，四座倾颓，人生的荒芜总是从残羹冷炙，光影横斜中一寸寸被残忍地提及，幽兰馆门前的车马终究日益变得稀落起来……

又是一天清晨。我独自起身，对着镜子俯视镜中那个半老之人。二郎啊二郎，风霜年年紧相逼，再好的容颜保持，也抵不过岁月无情的变迁。

"保容以俟悦己，留命以待沧桑"，沧桑之后，万籁俱寂，二郎，我能不能听到你的心声，揭晓命运给我预设的谜底？

二郎，这苍茫大地，起起伏伏的秦淮河畔，你的四娘，终究是站立不住了呢！

我正对镜恍神，不觉小婵已经进来。

近些年来，幽兰馆车马渐稀，我也日益没有了欢笑的精神。多亏了当初给小婵的指点。小婵的歌舞大有所成，之后零零散散又收纳了十几二十几个少女。小婵尽心地指点她们歌舞表演之事，同时也用心打理着幽兰馆的日常开支。可以说这些年来，幽兰馆没有了我马湘兰，或者还可以继续存在。可如果没有了小婵，那恐怕连我都要担忧栖身之处，无法生存了。

不过，即便小婵已经成为幽兰馆最有名望的管事之人，她还是习惯每日来服侍我起身。也只有她，懂得每月甚至每半月一次，我收到姑苏来信的欢喜。

今日也是如此，小婵进来看到我已经起身，便手脚利索地先将洗漱所用放置好，然后一边轻声唤我去洗漱，一边手脚麻利地整理屋内床铺，起帘，开窗。一如二十年间的每一天。

"小婵……"我看着这个陪着我从青葱岁月一路走到现在的姑娘，心中忽然充盈满腔的欢喜与感动。这样一个聪慧的姑娘，从第一次来到我身边的忐忑不安，到现在事无巨细、井井有条，她用一生的心力，扶持我这么多年来一路任性而倔强的行走。而如今，老了，我们都老了！

小婵拖过方凳，一边轻轻将我摁坐下去，一边拿桃花梳缓缓打理我的满头发丝。嘴里还轻声慢语地汇报着幽兰馆的事项，以及歌舞表演的安排。慢慢的，我的心又变得沉静下来。我知道，有小婵在的幽兰馆，我总是可以放心去做我想要做的事情，我想要实现的梦想。

梳洗完毕，我翻手握住小婵的衣袖。小婵微微愣了下，然后迅速反应过来，躬身询问我有何吩咐。

其实我并没有什么安排，只是想起心中久藏的那个梦想，想起来年就是二郎的七十大寿，我，只是想要亲手，为他送上一份贺礼。想要，名正言顺地前往姑苏，去看一看这二十余年未曾踏入的城市，去看一看我的二郎栖息了二十载的乡土，去看一看，那个浸透了二郎身姿的地方。

我想实现这个梦想，而这个梦想，需要小婵帮忙和配合。

因此，在这个清晨，我仿若一个想要糖果的娃娃，拉着大人的衣袖，用期盼的双眸望向这个一直尽心尽力待在我身边，待在幽兰馆的女子，悄声说了我的想法和要求。

而小婵，果然没有让我失望。她只是微微凝眉，应当是在心中合计了下，然后便抬眸，坚定地告诉我，我的要求，她可以做到！

我要的其实并不多，二郎七十大寿，我想要谱一出戏，笙歌曼舞，缓凝丝竹，将这二十年未曾相见的美丽与思念，统统绽放在他的面前。

而这，需要人力，需要美丽的女子，精准的表演！

可是因为有小婵，我相信，我就是那样毫无顾忌地相信，小婵，她会给予我一切我想要的——十五名秀丽的女子！

我不知道小婵是以怎样的方式实现了我的要求。我只知道，在我对小婵说出我心底那个深藏了十余载的秘密后的第三天，小婵一脸平和地走进我的房间，告诉我，她共寻了十五名女子，用作歌舞排练。

小婵将她们都安排在了幽兰馆后园，我去看了，这十五名女子年岁相当，柔软的腰肢彰显着她们各自不俗的歌舞功底。其中有五个女子，更为擅长器乐；有四个女子，则更加擅长唱曲儿。还有六个，则是多年的舞乐。

对此，我特别的满意。我甚至可以看到不久的将来，我带着她们翩然而入姑苏城，笙歌曼舞凝丝竹时的场景。

整整三个月，我避居幽兰馆，不曾接待过任何一位外客，不曾过问幽兰馆任何一件事项。三个月，我殚精竭虑，耗尽满腹才思，逐字逐句，句句相牵，一举手一投足，一个回眸一招甩袖，我终于完成了整幅歌舞的编排，看着这十五位女子，一点点熟悉，一遍遍排练……

二郎，你的七十大寿，四娘必将为你送上，最久远最浓烈的祝福！

第三节　缓歌曼舞凝丝竹

燕语啼时三月半，烟蘸柳条金线乱。武陵源上有仙娥，携歌扇，香烂漫。留住九华云一片。

二郎的生辰是春末时分四月中。金陵的天气称得上好，丝毫没有燥热之感，也算不得冷。历经四个多月的闭门排练，如今那十五位姑娘无论是歌舞还是器乐，都十分娴熟，我耗尽心力写就的七篇曲目，她们也演练的娴熟之极。这几个多月来，幽兰馆的事项都全盘托付给了小婵，我甚至没有踏出后园半步。绿成荫，红似雨，春事已无有……倩笑流波兮，岂非含情。明月酬韵兮，能不知音……再奉新诗可当媒，今霄端的佳期来……天青湛湛彩云在，月明溶溶沐莲台。风弄竹声只道金佩响，月移花影疑是玉人来……只缘秋波那一盼，真心耐，至诚揸，并蒂花开……忆往昔，初相逢，也似这，花荫月色夜溶溶……鸟双宿，月朦胧，物情人意也相同。难忘却，携手凭栏同照影，难忘却，殿前私语情意浓……七出新曲，七诉衷情，七表心意，七叹垂怜，二郎，这字字句句，莫不是四娘我的肺腑之语，剖心之言。二郎，相交三十余载，在你七十大寿这一年，且让四娘为你送上这记诵一生的思念和眷恋吧！

金陵与姑苏相距不远，一路顺水而行，最多不过三天即可到达。从三月开始，我便又一次检查此次曲目所用的各式物件，十五个姑娘的各色舞衣、配饰，琴、瑟、箫、鼓、笙等各种器乐，花船的布置，锦罗纱的装设和点缀……为二郎贺寿，我只想给他最好的，我最欢喜的一切。为此，哪怕倾空幽兰馆的所有，哪怕耗尽毕生心血，我也在所不辞。所以，从三月底开始，我便拉着小婵一点点、一遍遍地做最后检查。

四月初十，再次全盘演练过后，再次察看过所有器具和服饰，我带着新购的三艘画船，载着训练了三个月的十五名姑娘，载着我二十余年痴痴而盼的思念和眷恋，载着我一生积淀的梦想，顺流而下，前往姑苏。

为，先生，寿！

自秦淮河道一路向北，入长江，顺流而下，过燕子矶，行至镇江，再转小水道北上，便至扬州。

扬州自来便也是温香软玉地，多少才子佳人的故事在这里上演了一代又一代。廿四桥边，新开小巷，画楼隐隐，细草芊芊。风景秀丽和金陵相比也不遑多让。江横渡阔烟波晚，潮过金陵落叶秋。夜桥灯火连星汉，水郭帆樯近斗牛。相隔二十余载，我，比邻而居金陵城的马四娘，终于再次踏入了这片春风杨柳万千条的姑苏城！

画舫乘春破晓烟，时间充足，我们一行并不仓促。画船于上午巳时行至扬州码头。我穿戴整齐，轻纱遮面，和小婵一起出了舱室，来到船头。看着不远处码头之上和金陵相仿的匆匆行人，看着牙墙锦缆沿堤而行的船只，小艇出港白衣湿，高楼开窗玉碗横，细草芊芊天际远，一水漾漾船边清，看着这些在梦中萦绕了二十余年的，明明陌生却又仿佛娴稔于心的场景，我竟有些激动地颤抖，姑苏城，二郎，二郎，你的四娘，终于来到这里看你了！

船行到扬州之前，我已经先行给二郎送了书信，告知他我来到姑苏城了。

然而，二郎却迟迟没有回信。我不知道他心底是什么意思，只是心中颇为忐忑，似乎隐隐有股害怕，却又不敢细想究竟是在怕什么。船至码头，我再三端详，却也依旧没有发现任何一个来接我们的人。这一刹那，我不知道自己心中到底有没有失望。我只是愣愣站立在船头，心底深处弥漫着一种名叫悲凉的气息。小婵指挥人拾掇了箱奁物什，指点着那十五个姑娘，先行去了客栈。而她自己却留下来陪我一起，缓步行走在这姑苏城。

不是我故作姿态，也不是我贪玩爱恋这姑苏城如水的美景，我只是，只是想到即将要面对魂牵梦萦了二十余载，却只有鸿雁传书而不曾相见的二郎，我心中，又喜，又慌，又是忐忑，又是激动，我，终究不是二十年前那个青春年少的四娘，我怕，怕二郎见到此时的我，怕见到二郎眼中会流露出失望的情绪。即使我曾是日日花前的马四娘，即使我院院笙歌送晚春，多少风光画兰人，可我也已经年过半百，再不是颜比花娇的四娘！

带着小婵行走在花红柳绿的姑苏城，我的心境也慢慢平复了下来。纤手轻拂面，即便年华不再，即便红颜老去，我相信我的二郎也依然如昔日般温雅。我伸手扶过小婵，似乎从她手中传来阵阵力量，我深深吸气，终于，转身，迈步，前往王家宅院查看情况。

二郎七十大寿，王家已然筹备多时。我和小婵到达王家宅院的时候，大门两侧已经披红挂彩，彰显出万般喜气。有人在门口待客，小婵报上名号，说要拜望王稚登先生。门房入内禀告后，方才有人带路，请我和小婵进去。我们随小厮直直赶往大厅，一路上，园深路静，景色雅致。只是一直到了大厅，也没有见到二郎。我心中略略有些焦急，手也不觉有些轻抖。小婵最是知晓我的心思，便随口闲话般向人聊及二郎的消息。小厮不疑有他，只是客气而疏离地答说，因为阖府上下均在筹备二郎七十大寿之事，姑苏城内平日相交的好友文士也多有拜访，故而，二郎现今已经很少相见外客了。

外客！小厮的话语尚未落地，我脚下一个踉跄，已经被这样一个词语刺伤。从何日起，四娘之与二郎，竟是"外客"一枚！

小婵忙伸手扶住我，另一边也连声向小厮说了几语，打发他下去。然而我也已经平复。刚刚的言语似乎已经忘却，我暗示自己此番前来，是要为二郎庆贺这七十大寿，是耗尽心力拼尽一生心血，为二郎送上我珍藏了一生的真心。我早知道二郎无法与我携手并肩，那么，还在意这些做什呢？

179

我稍作歇息，尚未等二郎的夫人出来，我便禀告了王家管事，和小婵一起离开。

二郎，既然你有心不见，那我等就还是不要见了吧！

日子匆匆，转眼，就是二郎七十大寿之日！

二郎大寿前两日，他派人找到了我。来人带来了他一封书信，信中他言道，为我拾掇了百絮园，请我一行前往暂住。我考虑再三，还是决定听他的安排。毕竟七支曲目的排演，确实需要提前知晓场地，并做一些布置和安排。

时光匆匆，转眼，便是二郎寿诞之日！

清晨一大早，小婵尚未唤我，我已经醒来。其实昨夜一宿未能安眠，自从启程前来姑苏，在船上时便发觉身体不是太好，这段时日又连连排演曲目，设置场地，我也没敢告知小婵自己身体的不适。为二郎贺寿，无论如何，我都会如花般绽放属于秦淮马氏湘兰的色彩，为二郎送上我一腔真情的祝福！

百絮园已经装扮一新，歌舞的场地也已经按照我的要求归置好。我又一次做最后检查时，二郎带着宾客，来到了百絮园。

宾客至，贺寿声声喜笑晏晏。我坐在镜前，再次轻抚妆容，终于迈步走出房间。

是时候了！

清影舞妓含芳艳，竞妆新脸。步摇珠翠修娥敛，腻鬟云染。
歌声慢发开檀点，绣衫斜掩。时将纤手匀红脸，笑拈金靥。
越罗小袖新香倩，薄笼金钏。倚栏无语摇轻扇，半遮匀面。
春残日暖莺娇懒，满庭花片。争不教人长相见，画堂深院。

我挥长袖，倚莲步，放歌喉，吐新曲。一颦一笑，一舞一动，莫不是风姿绝代……我一向知晓怎样的女子最醉人，而在此刻，我更是尽情绽放属于自己的美丽。二郎，你听到了么？此间一曲，我绕心间二十余年！

我没有看到二郎在看到我亲身出场放歌高唱时吃惊而喜悦的面容，也没有看到四座宾客惊艳的神情，我甚至都没有看到周遭飘动的柳枝飞舞的蝶，我满心满心的沉溺于这飞天一舞，沉溺于这酝酿了二十余载方才一见天日的满腔欢喜和痴恋之中。二郎，你听啊，这字字句句腔腔调调，无不是我给予你的，酝酿一生的思念与眷恋！

高歌一曲，我耗尽了这数月来坚持到最后的所有心力。舞闭退场，我还来不及向二郎亲口诉说祝福，便软软地倒在小婵身上…

第八章 不问天公何日老，但求人间留芳魂

第四节　多情未了心先死

等我醒来，已经是第二天的夜。小婵衣不解带地守候在我床边，似乎是睡着了。谁知我只轻轻一动，她便醒了过来。看到我起身，小婵连忙搀扶我。然后不待我询问，便将这两日的情景一一告诉我。

小婵说，昨日我放歌祝寿时，二郎满面的欢喜与骄傲，最后更是泪流满面情不能自已；小婵说，昨日我晕过去后，二郎派人找寻我，得知我身体微恙，连忙让小婵将我送来客房，并劝慰好好照顾于我；小婵还说，昨日我歌舞完毕，那十五个姑娘已经按照最初的编排和演练，逐曲儿上台表演。我之前三个月对她们的训练没有白费。昨天，她们已经按照最初的安排，尽情做了汇演。据说我新编的那七个曲目，经此间一日，已经是声名远播，闻名江南地了！

听罢小婵的话，我终是放了心。能够在二郎寿诞之日为之高歌一曲，于我，已足够！

休息了一晚，我感觉已好了许多。第二日下午，我便见到了二郎！

二十余年未曾相见，我的二郎却还是如旧时翩翩。未语泪先流，满腔话语不知从何诉。这个时刻，我仿佛是一个初陷爱河的豆蔻女子，连那迎目间都充盈着万般的羞涩。

静默许久，我终于开口。

"你……"

"你……"谁知，二郎竟也同时开口。

"你先说。"天意冥冥，我与二郎竟又是不约而同。

扑哧一声，我终于忍不住笑了出来。相隔二十余载未曾相见的疏离于这两声不约而同的默契间，消散的一干二净。二郎终究还是我的二郎，幽兰馆内谈天论地，心意相通的二郎！

最后的最后，我终于再次与二郎执手相望，相隔二十余载后的今日，我是他的，他是我的。我们终于再次如同青春年少时那般，执手相携，呢喃共语。我轻声诉说着这二十年间我的思念和期盼，他静静听我讲述着二十余年的岁月时光如流水。百絮园的风声静谧，似乎连鸟雀都沉静……

我说得兴起，终是拉着他的手，要再为他舞一曲。

二郎眼睛一亮，也颇为兴奋。

倩笑流波兮，岂非含情。明月酬韵兮，能不知音……

再奉新诗可当媒，今宵端的佳期来……

一曲新词酒一杯。我换上新罗裙，重上粉面妆，再登歌舞地，拼力现情思。二郎，二郎，此时此景，此地此情，我只为你一个人绽放，我的光华只属于你一人！

再深情的曲儿也有结束的时刻，再炫丽的舞姿也有完结的动作。年岁过百，毕竟比不得当年精力。一曲舞闭，我回到换装的厅中略作休息，谁想二郎竟也偷偷过来。我望向他，心中微微潜伏的欢喜如焰芯般轻轻一颤。我一手扶案想要站起来，二郎却轻轻按下我的肩膀，让我重新坐下。对镜而望，镜子里的女子，眉目潋滟，唇香面药。乌发如云，犹然委地。一双清眸水蒙蒙，两颊娇嫩粉扑扑。这是我啊，是那个思念了二十余载的四娘啊！

我望着他，满心欢喜。如果可以，我愿意用此后所有的生命，交换此时在他面前最美丽的绽放！

可是二郎他刚刚说了什么？

他说："卿鸡皮三少若夏姬，惜余不能为申公巫臣耳。"

卿鸡皮三少若夏姬，惜余不能为申公巫臣耳。

这，这真是我的二郎，对我所说的话么？

我心颤颤，耳中忽地一阵嗡鸣。二郎，二郎，我以心相待这么多年，我岁岁月月满纸满纸思念的传递，我满腔热血的相思，我耗尽心力为你编排这声声情字字意的曲目，我满心欢喜地前来为你送上最浓烈的祝福，我用密密匝匝的情意连缀起的这半生光阴，却原来在你的心中，我不过是夏姬一般的人物么？

二郎，二郎，我虽纵身风尘，然，你怎可如此看我？如此待我？如此想我？

我不知道自己是以怎样的心境离开了小厅，更不知道自己是怎样浑浑噩噩回到了住处。"卿鸡皮三少若夏姬，惜余不能为申公巫臣耳。"我的耳边一直回荡着这句不经意的话语。那么一句，宛如剖心挖腹的话语，绞碎了我所有的骄傲和思念！

第五节　唯愿人间留芳魂

　　小婵一直都不知道我为何一夜之间，华发顿生，容颜老去。她也一直没有询问我为何匆匆之间便要回金陵。只是在那晚之后的第二天，小婵来服侍我起身的时候，我告知她收拾行囊回金陵，她静静地看了我片刻，什么都没说，便开始收拾行囊，安排归程事项了。

　　是啊，小婵，她怎么也不会想到，那个我倾尽一生思念和爱恋倾慕的男子，竟会说出那样的话语。在他的心中，我，名震十里秦淮的马湘兰，却原来竟是那样一个人尽可夫的女子！

　　我便再不愿说话，再不愿开口哼出哪怕一句的歌曲。犀玉满头花满面。负妾一双偷泪眼。辞别姑苏城，我再没有一丝气力支撑自己骄傲，十里秦淮再无常青树，幽兰馆的马湘兰，一夜老容颜！

　　我再没有谱出任何新曲，幽兰馆前依旧车少马稀。小婵一边照应着馆中的歌舞排练和红尘栈的表演，一边依旧亲身服侍我的起居。只是我日复一日的沉默，以及那肉眼可见的苍老，让小婵也不由地慌了心神。

　　这个傻丫头，人，终究是要老去的呀。我只不过，只不过是将过去二十年间停顿了的时光匆匆过了一遍而已！

　　白天或者深夜，我日日难眠。我忘不掉那样一句轻飘飘的话语，更忘不掉在听到那句话时，心底深处那一声碎裂的声响。每一天对我而言都变得重复而平淡，每日，每时，每刻，我都安静地倚在竹榻上，静静地望着天，望着远方，望着不知名的所在。

　　幽兰馆来来往往多了许多的车马，金陵城中多多少少有些名气的大夫都被小婵一一请来为我诊治。我应该果然是病了，面色苍老委顿，青丝变华发，迅速枯去……日日樽前常病酒，不辞镜里朱颜瘦。我知道，我是老了！

再没有心心念念的人儿，没有了牵肠挂肚的思念，没有了足以让我继续在这十里秦淮灯红酒绿之地支撑下去的信念，更没有了浮尘百世相许的知己。思念了一辈子，牵挂了一辈子，痴恋了一辈子，倾心了一辈子的人，原来竟只是我自己给予自己的一个虚幻。那么此时的我，还有什么理由继续骄傲地存活在这喧嚣的秦淮河畔呢？

不知不觉又是秋时，我的身体更加孱弱，日日萎靡，久不言一语。

金陵城稍有名气的大夫都已经被小婵请了一遍。我不是不知道她的辛苦和频频找寻大夫的焦虑，只是我知晓，我的阻拦只会让她更加的不安和忐忑。跟随我二十余载，她的点滴和心血，我都看在心头。望向幽兰馆的每一个角落，我知道，小婵必定会善待它们！

秋日的阳光正好，幽兰馆被笼罩在日光之中，暖暖洋洋，仿佛婴儿沉浸在母亲的怀抱。冥冥之中我似乎听到有人在耳边呼唤，是娘亲……

我唤过小婵，郑重将幽兰馆托付给她。她一脸震惊，眼中竟忍不住流出泪水，死活不愿意接受我这样的托付。我并没有多说什么，只是拍拍她的肩膀，问她可否愿意再次服侍我沐浴更衣。小婵愣了愣，然后迅速地抹了一把泪，便有条不紊的开始整理浴桶，吩咐人备热水。

我闭上双眼，脑海中竟是一片空白。我第一次没有思念二郎。或者可以说，从我离开姑苏的那天开始，就已经不再有思念。

我想到了小时候，娘亲的呢喃，父亲的笑容，以及祖母严肃却也疼爱的面容。我知道，我很快就会和他们相见，在不远的未来！

沐浴完毕，我换上最爱的那身衣裙，一叶幽兰一箭花，孤单谁惜在天涯。我痴痴端详着衣裙上的那朵兰花，不觉此时何时……

叵耐不知何处去？正是花开谁是主？幽兰馆的事情都已经交代给小

婵，毕生的思念也已经消散在那个沉重的晚上。十里秦淮，半生眷恋，此一刻，便都随着秋日这轮暖阳，烟消云散吧！

燕语莺啼惊觉梦，羞见鸾台双舞凤。拈不散，知何限？在意识散去的前一秒，我忽然想知道，当二郎知晓我的死讯，将是怎样的一种感觉？

第九章

番外篇

地角天涯未是长——王稚登

从人生的一开始，我便是得意的。

我的父亲是礼部侍郎，我从一出生便是家族的荣耀，只是我太厌倦那些官场上的尔虞我诈，在一次家宴上我再次忤逆了父亲的意愿，我被赶出了家门。从此，我的身份发生了改变，我不再是豪门贵公子，我是失意人王稚登。

我想我是永远不会忘记那一日的，那时的她笑容甘甜而清澈，她坐在秋千上，一阵微风吹过，漫天的梨花簌簌地飘落下来，像是一场梨花雨，她坐在秋千上双脚荡来荡去，嘴角里轻哼着小调，我站在她的背后，仔细一听，是司马相如的《凤求凰》：

> 有一美人兮，见之不忘。
>
> 一日不见兮，思之如狂。
>
> 凤飞翱翔兮，四海求凰。
>
> 无奈佳人兮，不在东墙。
>
> 将琴代语兮，聊写衷肠。
>
> 何日见许兮，慰我彷徨。
>
> 愿言配德兮，携手相将。
>
> 不得於飞兮，使我沦亡。

她的声音竟是那样的婉转动听，猝不及防打在了我的心门上，一点一滴，深入进去，从离开父亲之后，我变得放纵与不堪，烟花之地的女子我

第九章
番外篇

191

不知见识了多少，可是从来没有一个女子像她这般，让我一见倾心，只是我早已不记得了家里还有一个为我日夜等待守候的女子。

这便是我们的初次相遇，只是我承认自己是懦弱的，我总是习惯把自己的感情隐藏起来，我不言不语，只是，我也能强烈地感觉到她对我的情感，是那样的真挚而热烈。

都说君子之交淡若水，直到那一日，当我听到她要被驱赶出秦淮河的时候，我才清楚地感觉到，我不能失去她，当我骑着马看见她在我们初相遇的秋千上哀嚎大哭，双眼已经肿若核桃般的时候，我的心不禁生生地疼了一下，这是我第一次见到那么脆弱的她，她梨花带雨的哭泣声让我的整个心被揪起来，我暗暗发誓自己要保护她，哪怕付出自己的生命。

我为你挽马，你坐在马背上，脸上露出幸福的微笑，我真的从未嫌弃过你青楼女子的身份，我知道你也是无可奈何。夕阳西下，阳光洒在你微红的脸颊上，是那样的明艳动人，我不禁想吻吻你，可是我忍住了。

我去求了很多人，我的老师文征明已经过世，我找了他的得意大弟子我的师兄，他劝了我很多，说随着年纪的增长，父亲很想念我，我的心动摇了一下，我又何尝不想念我的父亲与娘亲，想起娘亲的白发与眼泪，我便哽咽到说不出话。

这件事情最后还是惊动了父亲，父亲的暴怒让我觉得恐惧，甚至连我自己都开始怀疑我这样做到底对不对。我爱湘兰，可是她是青楼女子，而我哪怕再落魄，也还是礼部侍郎的二公子。娘亲说，哪怕她死也不会让我去娶一个青楼女子，为什么明明相爱，却要经受那么多的挫折与不安，我的心在泣血。

湘兰获救了，哪怕我与全世界为敌，我也要救出她，我做到了。我看着她满眼的笑意与眼神中流露出的幸福感，我有些彷徨，可是我还是会觉得幸福，因为湘兰幸福。

那一日幽兰馆内，湘兰画了一株墨兰赠与我，"一叶幽兰一箭花，孤单谁惜在天涯？自从写入银笺里，不怕风寒雨又斜。"我又怎么会不明白你的心思呢？可是，横亘在我们之间的是一条好像永远也跨不过的鸿沟。

我假意伪装自己，我夸赞这是一首好诗，却再也不敢承认我听懂了里面的弦外之音。看着你的眼神一点点暗淡下去，直到再也说不出话来，我仓皇而逃，我好怕我一不小心就把你拥入怀里，只是我知道我不能。

湘兰，只是你实在是太倔强了。魏保那样的人都敢随意的得罪，那一日见你，你满脸的忧愁，你轻轻地在唱一首《秦淮魂》：

三山明丽秦淮浑，弱兰一株无根生，梦中月明留泪痕，朝露浸衣恨思春。
我欲归去乘无风，雨骤雷急泥潭深，不问天公何日老，但求人间留芳魂。

我再也无法强忍住自己的感情，感情像是一道被打开闸门的洪水，全部倾泻而出，我终于勇敢的把你拥入怀中，看着啜泣的你，我轻吻你的眼泪，我拉你到井边，用两个锁锁住了我们的心。请你真的要相信我，哪怕最后我做的事情并不光彩，可是，你一定要知道，那一刻我是想要与你长相厮守的。

我说我要带你走，哪怕天涯海角我们也要生生世世在一起，只是誓言总是那么的容易破灭，我发现这次我再也救不了你了。府尹沈大人找到了我，讲清楚了其中的利害关系，魏忠贤在朝廷呼风唤雨，我若执意救你，我父亲的官位也会不保，我答应五更天带你走，只是我真的无能为力了。

我爽约了，我懦弱了，我连自己心爱的女子都救不了。而这时父亲的信让我重新燃起了希望，我救不了你，我只能仓皇而逃。父亲为我安排了官职，虽然只是去朝廷编纂史书，在那个时候却给了我一个离开你的正当理由。

我可以想象出你苦等我的场景，每想起一次我便心如刀割，我强迫自己不去想你，所以我选择了离开。

京城的日子是那样的难熬，我一直苦苦追寻你的消息，听说魏忠贤去了秦淮河，你还戏弄了他，你果然是一个奇女子，官场的尔虞我诈相互倾

第九章 番外篇

193

轧，终究是我所不能忍受的，我并未得到重任，只是在做一些零散的小工，我觉得这是对我才华的一种欺侮，没多久我便辞官定居姑苏，而传言中，你消失了，在这个世界上消失了。

后来魏忠贤便倒台了，湘兰，你终于可以安心的出现在阳光之下了，只是，此时的我们早已不再年轻。你果然又回到了秦淮河畔，你常常给我写信，诉说你的生活，我能从这些只言片语中感受到你独处的落寞，你仍旧对我关怀备至，只是，我已经辜负了你一次，我再也不能伤害你。

后来，我又遇见了一个女子，她叫兰儿，也是明媚皓齿，只是少了你的灵动与文采，我常常抱着她画兰花，我一声声的呼喊"兰儿"的时候，你可知，我的心中此时想到的是你，至此之后，我爱上的人都很像你。多少次，我盯着你赠与我的兰花图，看着上面款款深情的诗句，我老泪纵横。

我七十岁寿辰的时候，你来了，你说要为我办一场最隆重的寿礼，你亲自穿上歌姬的衣裙，衣袂飘飘，我惊讶于你的容颜不改，竟与彼时无多少差异，而我，早已经成了一个头发斑白的老头。

那一夜，百絮园中，我稍微饮了一些酒，看着正在卸妆的你满脸的疲惫，我不禁有些心疼，你这一生，真的为我付出了太多太多。

看着你，我脱口而出"卿鸡皮三少若夏姬，惜余不能为申公巫臣耳"，可是当我说完这一句话的时候，我看着你的眼神瞬间黯淡下去，第二日，你便匆匆离开，半月之后，传来你去世的消息。

本想去看你，可是我的身体再也无法支撑自己的远行，我在你画的兰花图前，哭得像个孩子，浮生皆恍若一梦，横汾旧路独自渡，空余红颜映残阳，你果然是爱了我一辈子。

后来的故事，我便记不清楚了，儿孙自有儿孙的故事，当我闭上双眼离开这个世界的时候，我还是看到了你，你还是年轻时候的样子，穿着一身蓝色的长裙，眉宇间是盈盈的笑意。

浮生若梦，也就如此了。

此情可待成追忆——秦灯儿：遇见你是我这辈子最幸福的事情。

我叫秦灯儿，从名字中便可看出我是一个扎灯的手艺人，我的家在遥远的太湖边上，我的父亲也是一个手艺人。

十五岁的时候，我来到了金陵，这是一个繁华的地方，只是这里所有的繁华都不属于我，我仍旧身穿有补丁的衣服，依旧每天有做不完的工作。每一年的八月十五花灯节，是我觉得最开心的日子。那时我的灯总能卖出好的价钱，人们欣赏着我的作品，言语间全是赞美之词，没有遇见你之前，我觉得那便是最幸福的事情。

后来，我遇见了你，在我觉得最幸福的八月十五之夜。

那是我长到十八岁见到的最美的女子，你衣袂飘飘像是从天上而来的仙子，我不得不承认我被你的美惊呆了。忽然我从你黄莺般的声音中听出你在找一株白色的莲花灯，我心里一下子欢呼雀跃起来，那不就是我去年做的那一只灯吗？我心里小小的雀跃了一番。

当我走上前去的时候，我才发现，我的舌头好像是打了一个结，一句话都说不出来，身体因为紧张而有些微微地发颤，你笑了，是那样的明媚，朦胧的夜色对我来说早已是艳阳高照。

你说你叫马湘兰，湘兰湘兰多么美好的名字，你说你要我为你扎一盏花灯，那时的我就暗暗发誓，要为你扎出一盏最美丽的花灯。

那一日，经过一座小花园时，我看见你赤脚在池水中嬉戏，你笑的是那样的明艳动人，我半晌大脑一片空白，眼睛里只有你明艳的身姿，直到你不小心踩在石头上，整个身子要往前倾，我飞奔过去抱住你，那是我第一次与你这样靠近，你身上有好闻的香气，你的眼神充满了惊恐，像是一头受惊的小鹿，你的手下意识地抱住了我的脖子，我觉得脚下一阵剧痛袭来，可是那些都不重要了，只要你平安无事就好。

你的脸因为生气而变得分外的好看，可是，你还是一把推开了我，我的心瞬间跌到低谷，当你走出很远之后，我才缓过神来，低头一看，脚下早已血流成河。

我常常会在睡梦中梦见你，梦中的你笑容是那样的甜美，梦中的你对我总是温柔备至，我慢慢地爱上了睡眠，因为梦中有你。

可是我知道，你永远不会正眼看我一眼。哪怕当我们共处一室，我为你扎灯的时候，你也不愿意与我多讲一句话，可是能见到你，我便足够开心了，我不会奢求其他的，只要见到你。

但是我知道，你的心里只有一个王公子。

后来，你得罪了朱孝廉，我却无计可施。我常常坐在你别院的墙头上，看着你对镜垂泪，可是我却一点都帮不了你。

还好，后来王公子为你解围，一切化险为夷。

我就这样默默的喜欢着你关心着你，直到再后来，魏保半夜约你游船相会，我看得出你千百般的不乐意，当你走进游船的时候，我一把火烧了钦差府，我知道这是杀头的死罪，可是，为了你我连死都不怕。

魏保的事情并没有就此完结，看着你日夜以泪洗面，我难过不已，我说要你跟我走，去我老家的太湖边，你微微一笑，眼神中充满了戒备感。后来我才知道，原来，你早已答应了王公子跟他走，只要你幸福便好，我祝福你终于找到了自己的归宿。

后来我知道，王公子并没有履行承诺，他怯懦了。我跑去王公子的别院让他去救你，可是他却冷漠的不再见我，我为你着急，可是我却一点都帮不了你。直到后来，你戏弄了九千岁，终于，你答应我，要跟我走，你不知道那一刻，我的心是怎样的百转千回，不可否认，我一个大男人喜极而泣了。

你在太湖的那段日子，我想我这一辈子都无法忘记，我白天去太湖上打鱼，晚上回来为你和母亲熬鱼汤，我的母亲很喜欢你，常常私下说要我把你娶回来做儿媳妇，我痴痴的笑，这是梦中的场景，我等待着有一天，你能正眼看我一眼，甚至，我等你愿意嫁给我，哪怕我明明知道我配不上你，可我还是愿意为你等待。

太湖的生活，你表面上很开心，可是我常常会看见你发呆，一坐就是几个小时，我不知道你在想什么，你是在想念王公子，还是在怀念金陵的生活？但是，我还是愿意用我的方法来爱你，为你捕鱼为你做好吃的，竭尽全力的逗你开心。

直到有一日，雪娇来了，我知道她是你秦淮河畔的姐妹，我的母亲特意为她的到来杀鸡宰羊，哪怕家里并不富裕。雪娇的到来让你的眼神变得熠熠生辉，我有多久没有看见你这么明媚的眼神了呢？你和雪娇关上房门，整整聊了一夜，我不知道你们在谈什么，可是我知道你开心。

雪娇离开的那一夜，你叫我去你的房间，那是你第一次这样温柔地唤我的名字，眼睛里面满是温馨，我喜不自禁以为你终究愿意接纳我了。

你站在帘账的后面，一件件的脱掉衣服，我看着灯影下你曼妙的身姿与曲线，血脉贲张，这不是梦里千万次的场景吗？你说魏忠贤倒台了，你要回秦淮河畔了，你说要好好地伺候我一次，算是对我的报答。

当你说出这些话的时候，我觉得自己的心碎了，我的梦也破碎了，我哪里需要的是你这样的报答，我要的不过是你真心地待我，哪怕你不愿嫁与我，我真的不需要这样的报答，难道我做这么多只是为了要得到你的身体，你未免有些太看轻我秦灯儿了。

我走出房间的那一刻，我就知道了，我做再多的努力也没有用，我终究是留不住你的，我跑去湖边一个人大哭了一场，我发现我无论怎样都无法忘记你，你早已深深地刻在了我的心上，挥之不去。

等我重新振作起来回到家，我却发现，早已人去楼空，床边上放着的一封信上，"安好，勿念"几个大字看得我热泪盈眶，我追出去，却再也找不到你的影子。从此之后，我的世界里再也无你，你终究是没有给我一个这样的机会，哪怕是让我远远地看你一眼的机会都没有留给我，可是，我这一生都在为你念念不忘。

你走后的很长一段时间，我都无法接受这样的事实，但我再也没有勇气去秦淮河畔找你，你我二人终究不是一个世界的人，你走了，佩儿留下了，后来，我娶了佩儿。

新婚的那一日，我一个人在太湖边哭得一塌糊涂，我不知道此时的你

第九章 番外篇

在做什么，你回到秦淮河畔后的生活好不好，我娶了别的女子，从此以后，我连关心你的权利都没有了。

后来的日子我再也没有你的消息了，我变成了一位上山砍柴的樵夫，我不再扎灯，我的妻子每日在家等我，为我煮好饭菜照顾好我的老母亲，所有的一切看起来都是那么圆满。

那一日，我去砍柴，忽然发现了悬崖山谷中间有一支开得极艳的兰花，小朵小朵如玉盏般，香远益清，直能醉人。我尽力的把自己的身子往前倾，只是在我的手接触到那株兰花的时候，脚下一悬空，整个人都摔下悬崖，可我的手里仍旧拿着那一株兰花。

　　　　婀娜花姿碧叶长，风来难隐谷中香。

　　　　不因纫取堪为佩，纵使无人亦自芳。

弱水三千，我只饮一瓢，这大概也是我最后能为你做的了。

直道相思了无益，未妨惆怅是清狂——王穆远

良夜深沉。

我常常在黑夜中怀念你，那个如我母亲般的女子。

十七岁那年，我第一次离开乌江的家，我讨厌这里，没有母亲，只有父亲和一个个恶毒的女子，父亲是吴江的一个大官，从小我便过惯了锦衣玉食的生活，曾经的我很幸福，直到十岁那年，母亲离世。

十岁的我还只是一个孩子，奶妈抱着我，说母亲再也不会回来了，从那之后，父亲娶回了一个又一个的女子，我的快乐便伴随着母亲的离世也一同消失了。

十七岁我拜别了父亲，说要去游学，父亲想都没想就同意了，说给我一年的时间要我好好的游学，更是给了我很多的银两，其实只有我自己知道，我并非是要真正地去游学，我只是想逃离这个家，我要去寻找我从十岁起便再也没有的快乐。

我来到了金陵，金陵的繁华是我所无法想象的，我在途中听到了一个女子的故事，她叫马湘兰，别人都说她是个奇女子，曾经戏弄过九千岁，四十余岁的年纪却仍旧面若十八，一开始我很好奇，我便想要去拜访你。

　　那一日，天空中下着淅淅沥沥的小雨，你的幽兰馆果然是别具一格的清新，连我这样的一个贵公子都不得不赞叹它的清幽别致。

　　我终于见到了传说中的女子，那日你着了一件粉红色的紧身泡泡袖上衣，下罩翠绿烟纱散花裙，腰间用金丝软烟罗，系成一个大大的蝴蝶结，发髻低垂斜插碧玉瓒凤钗，显的体态修长妖妖艳艳勾人魂魄，婷婷袅袅。

　　我的心忽然像是被勾起了千层浪，我很少见四十几岁的妇人仍旧那样的明艳动人，更重要的是，她微笑起来的样子特别像我的母亲，我从那一刻便不顾一切地爱上了你。

　　我日日去你的幽兰馆，为你摆满兰花，我故意把自己表现的幼稚无知，其实有时我只是为了博你微微的一笑，那时候的你是那样的美好。

　　那一日，我再去看你，我与你下棋，忽然来了几个无赖模样的人，说你欠了他们的银子，我毫不手软地把钱扔给他们，要他们滚出你的幽兰馆，钱财对我来说是身外之物，而你却是我心头上的珍珠。后来，很多人告诉我，那些人是马湘兰串通好的人，只是为了要赶我走，我明白你那颗焦灼而不安的心，所以我假装不知，加倍对你好，我撒泼耍赖，日日像小儿无赖般的缠着你，只是为了让你觉得我爱你。

　　我终于还是感动了你，我热烈而真挚的感情都毫不保留地献给了你。我住在幽兰馆内，我们日日弹琴唱歌，我为你画眉，你为我画兰，那或许是我这一生中最美好的时光了。我为你置房，为你置办首饰，让你品尝最美的佳肴，我用我的方式来爱你。

　　只是，我常常会看见你眼神中的躲闪，我不知道你在躲闪什么，后来书童帮我去查才知道，原来你一直深爱着一个男子叫王稚登，只是他却永远给不了你承诺。于是我乞求你答应嫁与我。

　　我永远忘不了你听见这句话时的表情，但我分明看见了你眼中有晶莹滚动的泪珠，我知道你被我感动了，可是须臾之后，你转过身子去，你拒绝了我，你还列出了你不能嫁与我的几大理由，无外乎身份与年龄，可是这些我都不在乎，你为什么要那么狠心且执拗地拒绝我。

你像是发了疯一般地一再拒绝与我在一起，很多时候我都在后悔自己当初的莽撞，如果当时我不乞求你嫁与我，我们是不是还是可以像最初一样，过着那种简单而幸福的生活，只是一切都回不去了。

你甚至找来了我的老师，老师苦口婆心的规劝，所有的一切都无法阻挡我对你的爱，我要你幸福，要你快乐，要你露出最美最灿烂的笑容。后来，我还是无法拗过老师的意思，关键是你，你对我态度冰冷，甚至拒绝跟我说一句话，看着你冷漠的表情我心痛得要死掉了，哪怕你对我笑一笑，我也不会离开你，永远不会，母亲离开了我，而我真的永远不会离开你。

只是，一切都回不去了。

当我回到吴江的时候，我受到了父亲的责骂，从母亲去世之后，父亲很少责骂于我，这是父亲最暴怒的一次，而那时我便发誓要考取功名，有朝一日你终究会爱上我的，我常常幻想着这样的梦境，梦中的你总是有着跟母亲一样的微笑，而每当想起幽兰馆内我们终日四目相对的时刻，我暗暗发誓，我要做一个优秀的男子。

都说十年寒窗苦读，我这样的富家公子居然也慢慢觉得那是可以忍受的，整整十年，我在院子里种满了兰花，就如你的幽兰馆一般，那十年中我常常欺骗自己，有朝一日我若考取功名，你定会愿意嫁与我的，每次想起你我便有了前所未有的动力。

终于皇天不负有心人，待我金榜题名衣锦还乡之时，我特意去了幽兰馆，我骑着白马身披霞冠，我要让你知道，我是有多么的优秀，哪怕你现在已经是六十岁的老妪了，只要你愿意，我仍旧愿意娶你，给你最好的名分。

只是，所有的一切都破灭了，我见到了你的婢女佩儿，此时的她也已经白发苍苍，她看见我时呜咽不止，口中喃喃地说着些我听不清的话语，她们说一月前你离世了。

为什么不等我？泪水冲刷着我的脸，没有你，我就是再成功又怎样？幽兰馆摆设依旧，只是，主人却再也不会回来了，你终究还是不属于我。

从那日回去之后，我便开始娶妻纳妾，哪怕眉眼之间有些微微像你，我也想把她娶回来，只是我娶了那么多的女人，却仍旧无法拼凑成一个完整的你。

你从未死去，永远活在我的追念与思慕中。

后来我有了孩子，我的孩子又有了孩子，我慢慢变得牙齿松动，记忆力不清晰，但我仍旧念念不忘的是一个女子，一个明艳如花，母亲一般的女子。

我常常坐在院子里，一抬头，便可看见银丝珍珠如水分开的两侧天空，是那样的高远明净，我的嘴角带着一抹微笑，忽然一阵兰花的幽香飘来，心里是那样的静，像一个沉入深海的翡翠。

其实，你离开之后，我的眼中便再也没有其他女子。

锦瑟年华谁与度，莫问情归处。

第九章

番外篇

第十一章

马湘兰诗词鉴赏

马湘兰诗词鉴赏

《怆别》

作者：马湘兰 朝代：明

病骨淹长昼，王生曾见怜。

时时对兰竹，夜夜集诗篇。

寒雨三江信，秋风一夜眠。

深闺无个事，终日望归船。

这首诗是马湘兰病中所作，诗中的"王生"正是王稚登，当时马湘兰病重卧床，心里又时时牵挂着远离的王稚登，瑟瑟秋风中等待着王稚登的书信，夜夜难眠。这首诗饱含了病重虚弱的马湘兰对王稚登深深的思念，独坐闺中，每日的事情便是伫立江边眺望远方是否有归来的船只，对着兰竹把浓浓的思念写进诗里，以解相思。相思成殇，却因为念及"王生见怜"，马湘兰都觉得这份相思值得，这份感情值得。

《鹦鹉》

作者：马湘兰 朝代：明

永日看鹦鹉，金笼寄此生。

翠翎工刷羽，朱咮善含声。

陇树魂应断，吴音教乍成。

雪衣吾惜汝，长此伴闺情。

这是一首咏物诗，马湘兰看到鹦鹉被金笼锁住，不由想到自己不自由的一生。鹦鹉有华丽的外表，婉转的歌喉，能说会道，然而却只是别人的玩物，马湘兰怜惜自己的命运，再美艳的歌妓不也像这鹦鹉一般不得自由，只能取乐吗？只希望自己真心相惜的人能够长久地陪伴在身边，那也便是幸福了。

《延秀阁和顾太湖韵》

作者：马湘兰 朝代：明

飞阁凌云向水开，好风明月自将来。

千江练色明书幌，万叠岚光拂酒杯。

何处笛声梅正落，谁家尺素雁初回。

芳尊竟日群公坐，得侍登高作赋才。

这首诗是在延秀阁太湖畔赏景时所作，湖面浩瀚，凉风习习，一轮皓月明晃晃地照耀在湖面上，手中浅浅一杯清酒将这醉人的湖光山色尽收其中。忽然传来缥缈的笛声，一时间寒梅簌簌飘落，天空中云雁传书，不知飞向何方。全诗意境开阔，风光无限，可见马湘兰的心境高远不似寻常女子，她有独立的人格和思想，才情和抱负皆是极为出色。

《赋得自君之出矣（二首）》

作者：马湘兰 朝代：明

自君之出矣，怕听侍儿歌。

歌入离人耳，青衫泪点多。

这首诗是在王稚登北上京城之后马湘兰所作。马湘兰用极其直白的语言表达了自己深切的思念之苦。怕听到别人所吟唱的歌，怕一听见就会想到远方思念的人。那样缠绵的歌声，怎么能让孤独的离人听见呢？不经意间，衣襟就被点点泪水打湿，相思之苦只能通过逃避来掩藏。

《赋得自君之出矣（二首）》

作者：马湘兰　朝代：明

自君之出矣，不共举琼卮。

酒是消愁物，能消几个时？

　　这首诗同样是在王稚登北上京城之后马湘兰所作。自从王稚登离开后，没有人与自己举杯对饮，马湘兰便再不饮酒。借酒消愁愁更愁，醉酒之后虽然能得一时遗忘，可是人又哪能一直沉醉呢？消愁能消多久，不过是自欺欺人，躲避烦恼的懦弱方式罢了。马湘兰清醒的知道相思的死结牢牢地系在心上，不是仅仅几杯薄酒就能消除的，正是这样清醒而理智的认识，反而让思念之情更显凄苦。

《奉和诸社长小园看牡丹枉赠之作（二首）》

作者：马湘兰　朝代：明

露滋绣萼弄轻寒，把酒同君带笑看。

忆昔汉宫人去远，阿谁今倚玉阑干。

　　这首诗是马湘兰赠诗中的一首，当时的马湘兰正值最美好的年纪，看牡丹，亦是看美人，美人含笑映牡丹，如此美景在马湘兰笔下却有了一分大气。除去女儿的娇柔，马湘兰亦有男儿的爽快和潇洒，把酒遥思，追忆前人种种，最后只能感叹时光荏苒，人已逝去独留美景常在。

《奉和诸社长小园看牡丹枉赠之作（二首）》

作者：马湘兰　朝代：明

春风帘幕赛花神，别后相思入梦频。

楼阁新成花欲语，梦中谁是画眉人。

这首诗是马湘兰所赠诗作中的第二首。马湘兰才情出众，同样是看牡丹，七窍玲珑心却看到了楼阁之上的女子。春意盎然，巧笑嫣然的女子们都暗暗含了一份情意。马湘兰在感叹女子们在梦中爱慕着画眉人时，其实也是在思量这份情要托付何人才不算辜负。因此哪怕是青楼女子，也是用一份真心等待自己的良人。

《墨兰图题词》

作者：马湘兰　朝代：明

何处风来气似兰，帘前小立耐春寒。

囊空难向街头买，自写幽香纸上看。

偶然拈笔写幽姿，付与何人解护持？

一到移根须自惜，出山难比在山时。

这首诗是马湘兰在自己所作的一幅"墨兰图"上的题词。马湘兰甚爱兰花，虽然在诗画方面并不能算是大家，却因为品性如兰，所作的墨兰图和咏兰诗都堪称一绝。马湘兰也是个兰心蕙性的女子，虽沦落风尘烟花之地，却依然像一株空谷幽兰，遗世独立，不染凡尘，对王稚登的一片深情更是让人慨叹不已。

《一叶兰图题词》

作者：马湘兰　朝代：明

一叶幽兰一箭花，孤单谁惜在天涯？

自从写入银笺里，不怕风寒雨又斜。

这首诗是马湘兰在其所作的"一叶兰图"上的题词。当时，王稚登前往"幽兰馆"拜访，两人相谈甚欢，彼此都颇投缘，心中大感相见恨晚。王稚登向马湘兰索求一幅兰花图，马湘兰当即挥笔作了这副一叶兰图，画中兰花仅以一叶相托，更显兰花的幽雅空灵。诗中所写一叶幽兰，孤单无人惜，其实是马湘兰在婉转地表达自己不似寻常青楼女子，愿做一叶孤兰，等候自己的良人，白首不相离。这是在向王稚登暗示自己愿意以身相许的情意。

《断崖倒垂兰图题词》

作者：马湘兰　朝代：明

绝壁悬崖喷异香，垂液空惹路人忙。

若非位置高千仞，难免朱门伴晚妆。

这首诗是继"一叶兰图"之后马湘兰又画的"断崖倒垂兰图"的题词。马湘兰身在烟花巷陌之地，犹恐王稚登把自己当成一般水性杨花的风尘女子，便用这首词来表明自己的心意。悬崖峭壁上的倒垂兰香气宜人，引来众人的垂涎观赏，然而正是因为身处险要的高处，才没有被世人污扰。马湘兰以圣洁的倒垂兰自比，说明自己正像这身在高处的兰花，尘世间惹来非议，心里却保持着纯洁，凡夫俗子只可远观不可亵玩焉。

《仲春道中送别》

作者：马湘兰　朝代：明

酒香衣袂许追随，何事东风送客悲？

溪路飞花偏细细，津亭垂柳故依依。

征帆俱与行人远，失侣心随落日迟。

满目流光君自归，莫教春色有差迟。

这首诗是马湘兰送王稚登北上京城时所作。当时，王稚登去京城参加编修国史工作，打算发达以后回来接马湘兰。马湘兰一方面为王稚登有了前途而高兴，一方面又因为王稚登的离开而心酸，悲喜交加，写下了这首送别诗。飞花垂柳，征帆远行，马湘兰再不舍也只能将眼泪生生压抑着，百般叮咛着记得早日归来，莫教春色褪尽，红颜已老，字里行间皆流露出不舍之情。

《秋闺曲》

作者：马湘兰 朝代：明

芙蓉露冷月微微，小陪风清鸿雁飞。

闻道玉门千万里，秋深何处寄寒衣。

这首诗是马湘兰在王稚登离开后所作。春天人去，深秋未归，闭门谢客的马湘兰在"幽兰馆"中时时牵挂着身在远方的王稚登。深秋的夜，霜重露浓，一弯冷月凄凄地挂在天上，思绪就随着飞过的鸿雁飘向了千万里的京城。不知道心爱的人在何方，这一抹惆怅能否感觉得到？全诗以极哀婉的笔调，三言两语勾勒出深夜愁思的凄凉孤寂，而这样冷清的夜，马湘兰又痴痴地等了多少？

《鹊桥仙》

作者：马湘兰 朝代：明

深院飘梧，高楼挂月，漫道双星践约，人间离合意难期。空对景，
静占灵鹊，还想停梭，此时相晤，可把别想诉却，瑶阶独立目微吟，
睹瘦影凉风吹着。

这首诗是马湘兰年老时所作。时光荏苒，当年的秦淮名妓也不复年轻时候的风采。门前冷落车马稀，陪着日益苍老的马湘兰的，只有深深的孤寂和那段没有结果的痴恋。"人间离合意难期"，人世间的离合本就是不能揣测的，然而如今虽然能时时相聚，却不能相守，付出了一辈子深情却迟迟得不到回应，马湘兰正像她所钟爱的兰花一样，幽雅清净地过完了一生，空余一段遗憾的感情由后人传说。

《自题诗》

作者：马湘兰　朝代：明

空谷幽兰独自香，任凭蝶妒与蜂狂。

兰心似水全无俗，信是人间第一芳。

　　这首诗是马湘兰八岁时所写下的诗，诗中对兰花的赞赏颇高，"信是人间第一芳"也成了马湘兰一生的写照。只是人间第一芳又如何，兰花注定是寂寞的，没有人能亵渎她的圣洁空灵。枉她把一生的情都托付给王稚登，却换不来马湘兰一生的幸福，甚至只有无尽的哀痛和愁思。

《蝶恋花》

作者：马湘兰　朝代：明

阵阵残花红作雨，人在高楼，绿水斜阳暮。新燕营巢导旧垒，湘烟剪破来时路。

肠断萧郎纸上句！三月莺花，撩乱无心绪。默默此情谁共语？暗香飘向罗裙去！

　　这首诗是马湘兰在"幽兰馆"中有感而发所作的一首诗。三月，春寒料峭的季节，草长莺飞，薄暮轻寒，幽兰馆里一片寂静，只有一地残花。马湘兰不禁触景生情，孤寂便在这残春中蔓延，饶是每日和宾客欢娱作乐，心底终究是寂寞的吧，只是这样的寂寞要向谁诉说呢？只能将这漫漫愁绪赋予诗词中。

《题马湘兰画兰长卷其一》

作者：曹寅　朝代：清

丛兰十二摇春影，绿窗女郎甜睡醒。

婀娜一队笑东风，缀叶栽花幽思冷。

这首诗是曹寅题在马湘兰的画上的诗。从曹寅的诗句中可以看出，马湘兰画的是一幅丛兰。画中的丛兰郁郁葱葱，一位美丽的女子正伏在窗前浅眠。香甜一梦，梦里的人在想些什么呢？是在思念心爱的人而露出愉快的笑容吗？睡梦中不知愁，醒来才知忧思清冷。曹寅在画的基础上添加自己的想象，描绘了马湘兰多情善感的形象。

《题马湘兰画兰长卷其二》

作者：曹寅 朝代：清

月窟玄卿螺子笔，麝煤胡粉轻无迹。

不向西陵结藕心，时傍云阶扫寒碧。

这首诗是曹寅题在马湘兰画兰长卷上的第二首。马湘兰小字玄儿，又字月娇，所以曹寅笔下的"月窟玄卿"即是指马湘兰。曹寅眼中的马湘兰确实如一株空谷幽兰一般清雅高贵，不去西陵诉说缠绵地情思，只在高高的云阶处淡淡地看遍世间百态，人情冷暖。

《题马湘兰画兰长卷其三》

作者：曹寅 朝代：清

由来征伎北为家，南部新声间笛琶。

一片荒园残瓦砾，只今高垄种烟花。

这首诗是曹寅对马湘兰的怀念之诗。当年繁华的秦淮河畔，如今只剩下一片荒园。马湘兰所创的繁华盛世已经不在，连故地也种上了烟草。再深厚的感情又能怎样呢？终究抵不过时光，千万年以后，一切只剩下废墟，空留今人在故地惋惜。

《题马湘兰画兰长卷其四》

作者：曹寅 朝代：清

徐娘不道回身早，何年鬏髻归房老。

琢玉难求并命人，荻香狂化空心草。

  这首诗是曹寅对马湘兰的怜惜之作。马湘兰在还未老去之时就闭门谢客，只是一心想着王稚登，然而这样的痴心却换不来回应，一辈子孤苦伶仃，没有相依为命的人可以依靠，就像狂风中的空心草，半生漂泊。曹寅在这首诗中表达出来对马湘兰的同情与怜惜，感叹马湘兰的命运，也感叹她的痴情。

《题马湘兰画兰长卷其五》

作者：曹寅 朝代：清

华发玲珑白项儿，那堪滴泪湿荷衣。

当时纳锦成调笑，此日零缣足慰饥。

  这首诗是曹寅在感慨马湘兰年老凄凉际遇所作之词。马湘兰的晚年格外凄凉，没有了年轻时候的宾客满门，同时不能与王稚登白头偕老的遗憾与哀伤也时时折磨着马湘兰。曹寅不得不感叹，马湘兰风华正茂时得到的锦缎金银，如今却成了养老度日的来源，两相对比，可见马湘兰心里的凄苦与孤独。

附录　马湘兰大事年表

明嘉靖二十七年　马湘兰出生在湖南一个官府之家，被人称为"四娘"

明嘉靖三十四年　马湘兰突遇家变，这一年马湘兰刚刚七岁，也正是这一年，马湘兰被管家卖到了秦淮河畔的蕙兰居。

隆庆一年　十五岁的马湘兰一举夺得秦淮河畔第一艳的名头，一时间无人不知，门前车马不息，这一年的八月十五，马湘兰初识秦灯儿。

隆庆三年　马湘兰独造幽兰馆，一时间成为秦淮河畔的最大新闻，戏弄了朱孝廉。

隆庆四年　马湘兰十九岁初遇王稚登，一见钟情，被朱孝廉以流妓的身份赶出秦淮河，幸得王稚登相救，才化险为夷。

隆庆五年　马湘兰表白王稚登遭拒，钦差魏保光临秦淮河畔，欲娶马湘兰为妾，马不从，被囚禁于蕙兰居。

万历二年　戏弄九千岁，得祸。二十六岁的马湘兰欲与王稚登私奔，王未赴约，马湘兰伤心不已。

万历三年　随秦灯儿定居太湖边，隐姓埋名生活。

万历八年　三十二岁的马湘兰重返秦淮河畔。

万历十一年　王稚登铩羽而归，定居姑苏畔，已经三十五岁的马湘兰与其鸿雁传书。

万历十六年　乌江少年王穆远求爱马湘兰。

万历十七年　马湘兰拒绝王穆远，王重回乌江畔。

万历三十二年　王稚登七十大寿，马湘兰买游船载十五女子为其祝寿，心伤，几月后，回到幽兰馆摆满了含幽吐芳的兰花，去世，享年五十七岁。